어떻게 살아갈까?
포지셔닝으로
인생을 바꾸는 전략

DO IKIRU?
JINSEI SENRYAKU TO SHITE NO 'BASHOTORI' NO KYOKASHO
© KAZUHIRO FUJIHARA 2024

Originally published in Japan in 2024 by SHODENSHA Publishing Co., Ltd. , TOKYO,
Korean translation rights arranged with SHODENSHA Publishing Co., Ltd. , TOKYO,
through TOHAN CORPORATION, TOKYO, and Shinwon Agency Co., Ltd., SEOUL.

이 책은 신원에이전시를 통한 저작권자와의 독점 계약으로 ㈜두드림미디어에서 출간되었습니다.
저작권법에 의해 한국 내에서 보호를 받는 저작물이므로 무단 전재와 복제를 금합니다.

후지하라 가즈히로 지음
이성희 옮김·서승범 감수

어떻게 살아갈까?

포지셔닝으로
인생을 바꾸는 전략

두드림미디어

인생은
자리를 잘 잡은 사람이 이긴다

성공하는 사람은 왜 성공할까요? 탁월한 재능이 있거나 좋은 집안이거나 운이 좋아서일까요?

이 책의 저자, 후지하라 가즈히로는 분명히 말합니다.

"성공의 비결은 '자리 잡기(포지셔닝)'와 '타이밍'이다."

이 책은 단순한 인생론을 담은 책이 아닙니다. 자기답게 살아가기 위한 현실적 전략서이며, 지금 당신이 서 있는 '자리'를 어떻게 인식하고, 앞으로 어디에 깃발을 꽂을 것인지에 대한 본질적 물음을 던집니다.

자리 잡기의 본질 - 5가지 키워드

책의 중심에는 다음과 같은 5가지의 전략적 키워드가 자리합니다.

1. 에너지

일을 할수록 에너지가 솟는가, 고갈되는가?

나의 '일터'는 에너지를 주는가, 빼앗는가? 후지하라 씨는 '좋은 자리'의 첫 기준은 바로, 이 에너지의 흐름이라고 말합니다. 좋아하는 일을 하면서 타인의 신뢰를 얻고, 자신도 성장하는 일터는 반드시 존재합니다.

2. 의식의 전환

그는 '회사 인간'에서 벗어나 '회사 안의 개인', 즉 조직 안의 자영업자가 될 것을 권합니다. 누가 시켜서가 아니라 스스로 주도하는 위치, 수동적 수용자에서 능동적 발신자로 전환하는 것이 자리 잡기의 두 번째 조건입니다.

3. 놀이 공간

의미 있는 도전과 놀이가 가능한 공간, 함께 웃고 실험하고, 실패해도 괜찮은 커뮤니티. 이러한 곳은 사람을 끌어당깁니다. 후지하라 씨는 그곳을 '놀이처럼 기여하는 장'이라고 표현합니다.

4. 환경

사람을 바꾸는 것은 오직 2가지, 경험과 환경입니다. 후지하라 씨는 말합니다.

"환경이 변하면 대화가 변하고, 대화가 변하면 인생이 변한다."

새로운 관점, 새로운 사람들, 새로운 풍경에 자신을 던져보는 용기가 인생 후반전을 바꿉니다.

5. 커리어의 대삼각형

그는 독창적인 개념을 제시합니다.

"20대에서 1개의 축, 30대에서 또 하나, 40대에서 정점. 이 3가지 전문성을 곱하면, 100만 분의 1의 희소성이 된다."

단일 기술의 반복이 아닌, 전략적 융합을 통해 우리는 진정한 레어 카드로 성장할 수 있습니다. 이 '대삼각형' 이론은 제가 직접 설계한 창직 실전 프로그램 BT2.0의 핵심 철학과도 완벽하게 통합니다. 자기만의 자리에서 자기만의 방식으로 살아가기 위한 실행 설계, 바로 그것이 후지하라 씨가 일관되게 강조하는 삶의 전략입니다.

이 책을 감수한 이유
저는 이미 그의 전작 《상위 1%가 되기 위한 리셋 혁명》을 번역하면서 후지하라 가즈히로라는 인물이 가진 철학과 실행력을 깊이 체험했습니다.

그는 이론가가 아니라, 실천가입니다. 리크루트에서 수많은 혁신을 이끌었고, 일본 최초의 공립 중학교 민간 교장으로 현장을 바꾸었습니다. 그의 메시지는 좋은 말이 아닌 검증된 지침입니다. 이 책은 그간의 통찰을 집약한 완성판이라고 할 수 있습니다. 읽다 보면 자신의 삶을 반추하게 되고, 이제는 정말 내 자리를 찾아야겠다는 각성을 하게 됩니다.

누구를 위한 책인가?
- 자신의 강점이 희미한 20대에게는 "나만의 축을 하나 세우라"고 말합니다.
- 전환기를 고민하는 30~40대에게는 "지금이 '두 번째 축'을 세울 시간"이라고 말합니다.

• 정년을 앞둔 50대 이후 세대에게는 "조직 밖에서 버티는 능력, '정년 없는 삶'을 설계하라"고 전합니다.

"인생은 총성이 울리지 않는 마라톤이다. 먼저 출발한 사람이 더 유리하다."

이 책은
- ✓ 내 자리와 방향을 찾지 못한 사람에게는 나침반이 되고,
- ✓ 직장에만 의지해온 사람에게는 긴장감을 주며,
- ✓ 인생 후반을 새롭게 설계하고 싶은 사람에게는 구체적인 방법을 줍니다.

지금 당신이 어디에 있든 어떤 나이에 있든, 당신만의 자리를 새로 설정할 수 있습니다. 인생을 정답이 아니라 납득해(納得解)로 살아가는 방법. 그 정제된 메시지가 이 책 안에 응축되어 있습니다.

서승범

프롤로그

재능보다 더 중요한 것은
어떤 장소를 선택할까?

사회에서 성공한 사람들은 어떻게 성공할 수 있었을까요?

그 비밀은, 타고난 '재능'이나 '자질'이 아니라, 그 사람에게 맞는 '자리 잡기(포지셔닝)'와 '타이밍'에 있습니다. 여기서 '자리 잡기'란, '어떤 회사나 기관에서 어떤 부서, 어떤 직책을 맡느냐'와 같은, 조직 내에서의 위치를 말하는 것이 아닙니다. 자신을 어떤 장소·진지(陣地)에 두고, 커리어를 위해 어떤 스킬을 살리며, 개인으로서 어떻게 살아갈지를 뜻합니다. 실제로, 여러분 주변에도 회사나 직책에 상관없이 자신답게 지낼 수 있는 '장소'를 발견해 인생을 즐겁게 살아가거나 성과를 내는 사람들이 있지 않나요?

그리고 그 장소가 사회나 사람들의 의식 흐름에 부합하고 있는지가 바로 '타이밍'입니다. 하지만 의도적으로 타이밍을 만들어내거나 절호의 타이밍을 잡는 것은 쉽지 않습니다.

왜냐하면 여러분은 지금 당장 빌 게이츠(Bill Gates)나 스티브 잡스(Steven Paul Jobs)가 태어난 1955년 전후로 돌아갈 수 없기 때문입니다. 그들이 사춘기 시기에 공통으로 경험했던 '컴퓨터를 프로그래밍할 수 있다는 흥분'이나 '황금빛으로 빛나는 칩의 아름다움에 대한 감동'을 맛볼 수도 없습니다. GAFA(M)(Google, Apple, Facebook, Amazon, Microsoft)의 성장기에 함께할 수도 없습니다. 따라서 '타이밍'은 통제 불가능한 조건으로 간주해야 합니다.

그럼에도 불구하고, 우리는 '자리 잡기 = 우리가 진을 쳐야 할 장소'를 관리할 수 있습니다. 이것은 조직 내에서도 적용할 수 있습니다. 여러분의 회사에도 주도권을 잡고 앞장서서 일하거나, 자신에게 맞는 방식으로 조직을 이끄는 사람들이 있지 않나요? '조직 내 개인'이라고, 조직 내에서 개별적으로 행동할 수 있는 존재를 말하는데, 이러한 사람들이 '자리 잡기'를 잘하는 사람의 전형적인 사례입니다.

커리어의 후반부에 접어들어 정년이 가까워지면 조직의 보호를 받을 수 없게 되기에, 자신만의 진지를 단단히 구축해놓아야 합니다. 조직을 떠나더라도 자신만의 진지에서 즐거움을 찾고 생활비를 버는 것은 굉장히 중요하기 때문입니다.

반대로, 아무런 생각도 하지 않고 그저 조직이나 사회가 요구하는 대로 하루하루를 보내는 사람은 포지셔닝을 못하는, 바꿔 말해 자신이 진을 칠 장소를 관리하지 못하는 사람의 전형적인 사례라고 할 수 있습니다. 이러한 사람들은 자신을 컨트롤하지 못합니다. 바꿔 말하면, '내 인생의 주인공' 또는 '내 인생의 오너'가 되지 못합니다.

결국, 내 인생의 주인공이 되기 위해 가장 중요한 것은 '어느 장소에 진을 칠 것인가'라는 포지셔닝의 문제입니다.

10~20대는 '내게 재능이 부족한 것이 아닐까?', '필요한 자질은 무엇일까?' 등과 같은 고민을 하기도 합니다. 자신의 '재능'이나 '자질'을 어떻게 하면 발견할 수 있을지를 고민하며 자기 탐색의 여정을 떠나는 사람도 있습니다(사실 '찾아낼 수 있는 자신' 따위는 없다는 점에 대해서는 CHAPTER 6에서 설명하도록 하겠습니다).

하지만 30대에 들어서면, 많은 사람들이 이제 와서 '재능'이나 '자질'에 대해 고민해봤자 소용없다는 사실을 깨닫게 됩니다. 그렇다면 오로지 '자리 잡기'에 집중해야 합니다.

'어떤 환경에서, 어떤 경험을 쌓으며, 어떤 스킬이나 커리어를 자신의 것으로 만들 것인가?'

이것에 대해 스스로 고민하고 자기 일과 인생에서 주도권을 잡아야 합니다.

하지만 이를 제대로 실천하지 못하는 사람들이 매우 많습니다. 실제로 '왜 굳이 그 자리에 머무르려는 것일까?' 싶을 정도로 잘못된 '자리 잡기'를 고집하는 사람들이 있습니다. '그곳에 진을 치면 손만 더 가고 정작 중요한 스킬을 익히지 못할 거예요', '그 승진을 하면 오히려 당신의 장점이 사라질 텐데요…'라고 말해주고 싶어지는 사람도 있습니다.

'자리 잡기'란 결국, '어떻게 살아갈 것인지'의 문제입니다.

이 책은, 자신의 진지를 결정하기 위한 '자리 잡기'를 어떻게 해야 할지를 알려주고, 여러분 스스로가 '내 인생의 주인공'이 되도록 도와줄 것입니다.

일단, CHAPTER 1에서 지금 우리가 살아가고 있는 사회의 문제점을 밝혀냅니다.
여러분이 자신의 인생의 주인공으로 살아가는 데 이 사회의 구조가 어떻게 방해하고 있는지를 알아봅시다. 이 구조에서 벗어나지 못하면 여러분은 자신의 인생의 오너가 될 수 없습니다.

CHAPTER 2는 '자리 잡기' 기본 편입니다.
승산이 있는 장소를 찾아, 자신만의 진지를 구축하는 방법을 소개합니다. 여러분에게 에너지가 흘러들어올 수 있는 장소를 찾고, 스킬과 커리어를 조합해서 그 진지를 견고하게 다지는 것입니다.

CHAPTER 3에서 '자리 잡기' 응용 편으로, 제가 실제로 실행했던 것들을 구체적인 사례와 함께 소개합니다.

CHAPTER 4에서는 자신의 '그릇'을 키우는 방법에 대해 다룹니다.
인간의 그릇은 다이아몬드와 같은 모양을 하고 있으며, 인생의 전반부에는 바닥 면적을 넓히고, 후반부에는 높이와 깊이를 만들어갑니다. 이것으로 여러분 진지의 기초 공사는 끝난 것이나 다름없습니다.

CHAPTER 5는 지금까지 제 책에서 다루지 않았던 '운을 아군으로 만드는 방법'입니다.
앞으로 다가올 AI 로봇 사회는 시스템이 인간의 삶의 방식을 기계적으로 결정하는 세상입니다. 그렇기에 우연한 만남과 같은 '인간에게만 일어나는 일'이 오히려 큰 효과를 발휘할 수 있습니다. 이것을 기르는 방법을 제 경험을 통해 이야기합니다.

CHAPTER 6에서는 50세부터의 삶의 방식을 제안합니다.
이 시기에 무엇을 익히고 어떤 능력을 갈고닦는지에 따라 60세 혹은 65세 이후의 인생이 달라집니다. 늦어도 55세까지는 모드를 전환하지 않으면 위험합니다.

CHAPTER 7에서는 60세 이후의 경제적 상황에 관해서 이야기합니다.
금융청이 과거에 발표했던, 노후 자금이 약 2,000만 엔 부족하다고 하는 '노후 2,000만 엔 문제'. 사실, 이것은 정말로 현실적인 문제입니다. 여기에 대한 구체적인 대책을 설명합니다.

앞으로 올 시대는 기존의 상식이 전혀 통하지 않는 시대입니다. 앞이 잘 보이지 않고 미래가 불투명한 상황 속에서 제대로 '자리 잡기'를 한 사람만이 살아남아 '내 인생의 주인공'이 될 수 있습니다.

자, 이를 위한 준비를 시작해볼까요?

- 후지하라 가즈히로(藤原 和博)

목차

감수자의 말 인생은 자리를 잘 잡은 사람이 이긴다 ⋯⋯⋯⋯⋯⋯⋯⋯⋯⋯⋯ 4
프롤로그 재능보다 더 중요한 것은 어떤 장소를 선택할까? ⋯⋯⋯⋯⋯⋯ 8

CHAPTER 1. 자신만의 인생을 살아갈 수 없는 나라

일본이라는 자동차 ⋯⋯⋯⋯⋯⋯⋯⋯⋯⋯⋯⋯⋯⋯⋯⋯⋯⋯⋯⋯⋯⋯⋯ 21
자율주행 모드를 해제하자 ⋯⋯⋯⋯⋯⋯⋯⋯⋯⋯⋯⋯⋯⋯⋯⋯⋯⋯⋯ 25
직소퍼즐형에서 레고형으로 ⋯⋯⋯⋯⋯⋯⋯⋯⋯⋯⋯⋯⋯⋯⋯⋯⋯⋯ 28
스마트폰, 커닝도 대환영 ⋯⋯⋯⋯⋯⋯⋯⋯⋯⋯⋯⋯⋯⋯⋯⋯⋯⋯⋯⋯ 31
일하는 사람은 두 부류로 나뉜다 ⋯⋯⋯⋯⋯⋯⋯⋯⋯⋯⋯⋯⋯⋯⋯⋯ 34
일자리를 잃는 사람들 ⋯⋯⋯⋯⋯⋯⋯⋯⋯⋯⋯⋯⋯⋯⋯⋯⋯⋯⋯⋯⋯ 36
일의 가치는 '○○'에 의해 결정된다 ⋯⋯⋯⋯⋯⋯⋯⋯⋯⋯⋯⋯⋯⋯⋯ 39
'사내 자영업자'를 목표로 삼자 ⋯⋯⋯⋯⋯⋯⋯⋯⋯⋯⋯⋯⋯⋯⋯⋯⋯ 42
1만 시간으로 프로가 될 수 있다 ⋯⋯⋯⋯⋯⋯⋯⋯⋯⋯⋯⋯⋯⋯⋯⋯ 44
우리는 이미 프로가 되어 있다 ⋯⋯⋯⋯⋯⋯⋯⋯⋯⋯⋯⋯⋯⋯⋯⋯⋯ 47
기업의 승자와 패자는 1998년에 갈렸다 ⋯⋯⋯⋯⋯⋯⋯⋯⋯⋯⋯⋯ 50
우리가 그만둬야 할 5가지 ⋯⋯⋯⋯⋯⋯⋯⋯⋯⋯⋯⋯⋯⋯⋯⋯⋯⋯⋯ 52

CHAPTER 2. 승산이 있는 장소를 찾아 진지를 구축한다

에너지를 얻을 수 있는 일과 에너지를 빼앗기는 일 ⋯⋯⋯⋯⋯⋯⋯ 57
일하면서 절대 해서는 안 되는 것 ⋯⋯⋯⋯⋯⋯⋯⋯⋯⋯⋯⋯⋯⋯⋯ 59
좋은 회사, 나쁜 회사를 구별하는 3가지 포인트 ⋯⋯⋯⋯⋯⋯⋯⋯ 61
JPH로 인해 자신을 망쳐서는 안 된다 ⋯⋯⋯⋯⋯⋯⋯⋯⋯⋯⋯⋯⋯ 64
모든 조직은 점점 무능해진다 ⋯⋯⋯⋯⋯⋯⋯⋯⋯⋯⋯⋯⋯⋯⋯⋯⋯ 67
개인 X 조직 ⋯⋯⋯⋯⋯⋯⋯⋯⋯⋯⋯⋯⋯⋯⋯⋯⋯⋯⋯⋯⋯⋯⋯⋯⋯ 69

고안하는 측, 정보를 제공하는 측에 선다 ·················· 72
희소성 있는 정보를 창출하려면? ·························· 75
동료가 즐거워할 만한 장소를 찾는다 ··················· 78
의식적으로 환경을 바꾼다 ··································· 82
예술적인 생활 방식 ··· 85
'정답'이 없는 사회에서 살아가기 위해서는? ·········· 88
나라(奈良)에서 하이엔드 빙수 기계가 탄생한 이유 ··· 91
'커리어의 대삼각형'을 만들다 ······························ 94
세 번째 발은 크게 내딛자 ··································· 99
반드시 승리하는 프레젠테이션 기술 ···················· 104
회사를 상대로 협상력을 갖추기 위해서 ··············· 109

CHAPTER 3. 나는 이렇게 '자리 잡기'를 해왔다

22세, 재학 중 직장인이 되다 ······························· 113
앞으로의 시대는 '역발상'이 통한다 ······················ 117
30세, 갑작스럽게 찾아온 병으로 인생이 180도 바뀌다 ··· 119
33세, 열정적으로 책을 읽기 시작하다 ·················· 122
37세, 파리로 향하다 ·· 125
40세, '자영업자'라는 길을 선택하다 ····················· 127
47세, 중학교 교장에 취임하다 ····························· 131
52세, 단숨에 새로운 가능성이 펼쳐지다 ··············· 134
61세, 아내, 자녀와 떨어져 이주하다 ···················· 138
성공은 이동 거리와 비례한다 ······························ 140
65세, '조례만 하는 학교'를 개교하다 ···················· 143

독특한 3가지 원칙·················147
앞으로 다가올 70대를 위해 후지산 가와구치호에서 '자리 잡기'를 계획하다·······151

CHAPTER 4. 인간의 그릇을 키우려면?
인생의 에너지 곡선·················159
상대를 끌어당기는 요소는 '골짜기'와 '전환점'·········163
신용 있는 사람의 10가지 조건·············165
인간의 그릇은 다이아몬드!?·············167
호리에 다카후미 씨의 사례·············170
니시노 아키히로 씨의 사례·············173
필요한 것은 '뜻', '철학', '미의식'·············175
60세 이후에는 젊은 사람들의 도전에 투자하자·······178
정보 편집력을 높이는 2가지 요소···········181
사고 정지 상태에 빠지지 않기 위해···········184

CHAPTER 5. 운을 내 편으로 만들기 위해서는?
행동은 신속하게, 그리고 무수히 많이··········189
상대를 웃게 만드는 사람에게 행운의 여신은 미소 짓는다·······191
자신의 실패담을 이야기하면, 긍정적인 에너지를 얻을 수 있다······194
유머와 위트를 키우자·············199
뇌가 연결되는 장소를 만든다·············201
나에게 일어난 기적·················204
　'세상 수업' 성립 배경에 얽힌 인연··········205
　첫눈에 반한 그림·················206
　100만 가구 중 한 집·················207
　천연기념물을 기르다·················209
　뜻밖의 장소에서 후배와 재회··········210
왜 운을 끌어당길 수 있을까?·············212
나에게 일어난 기적 같은 만남·············214
　사다 마사시 씨·················214
　구마 겐고 씨·················217
　하루나 아이 씨·················220
　에조에 히로마사 씨·················223

히라바야시 요시히토 씨 ·· 225
10가지 기적을 적어보자 ·· 230

CHAPTER 6. 50세부터 시작하는 '정년 없는 삶'

포장마차를 시작해보자 ·· 233
인생은 특별한 마라톤 ·· 235
온라인 개인 학원을 설립한다 ·· 238
내가 주목하는 5 + 3 분야 ·· 241
시간을 사용하는 방식을 바꾼다 ··· 243
돈을 쓰는 방식을 바꾼다 ·· 245
   프로를 구매하기 ··· 247
   아바타를 구매하기 ·· 248
   커뮤니티를 구매하기 ··· 249
자신을 헐값에 팔아본다 ··· 252
자신을 해방한다 ··· 255
내 안의 '광기'를 키워보자 ··· 258

CHAPTER 7. 60세 이후의 '진정한' 돈 이야기

'노후 2,000만 엔 문제'의 진실 ·· 263
60세 이후의 인생을 유형별로 분류하면 ··· 264
지출 – 얼마가 있어야 생활할 수 있을까? ·· 267
수입 – 연금 수입은 얼마나 될까? ·· 271
수입과 지출 관리 ·· 273
   적자를 없애거나 줄이기 ·· 273
   60세까지 수익을 창출하는 자산 마련하기 ··· 274
   예기치 못한 지출을 미리 상정해 대비하기 ·· 274
   자신에 관한 교육비를 늘리기 ·· 276
   외주(위탁)를 적극적으로 활용하기 ··· 277
   리버스 모기지 활용하기 ·· 277
'자리 잡기'는 인생 후반부에 큰 영향을 미친다 ······································· 279

에필로그 '죽음'을 생각해봄으로써 인생을 개척할 수 있다 ························· 282

CHAPTER

1

자신만의 인생을
살아갈 수 없는
나라

여러분은 자신만의 인생을 살고 계시는가요? 만약 여러분이 진심으로 '내 인생의 주인공'이 되고 싶다면, 반드시 해야 할 일이 있습니다. 그것은 우리 사회의 특수성을 파악하고 그 틀에서 약간 거리를 두는 것입니다.

현재의 사회 시스템은 70년 이상 유지되어왔습니다. 여러분이 의식하든, 의식하지 못하든 그것은 강력한 영향력을 발휘하고 있습니다. 제도, 관습, 조직, 그리고 이를 따르는 대다수 사람들의 동조 압력에서 벗어나 거리를 두기 위한 지혜를 얻어야 합니다.

이것에 대해 구체적으로 설명해보도록 하겠습니다.

일본이라는 자동차

우리는 자유롭게 자신의 인생을 선택하며 살고 있다고 생각합니다. 하지만 이는 대부분의 경우, 큰 착각입니다. 사실 대부분의 사람들은 사회 시스템의 요청에 부응하고, 조직·제도가 만든 규칙에 따라 '자동적으로' 살아가고 있습니다.

이러한 사회 시스템은 다음 페이지의 〈자료 1〉로 설명할 수 있습니다.

이것은 70년 전에 만들어지고 고도성장기에 확립되어 일본 사회에 강하게 뿌리내린 구조입니다.

자동차의 중심인 '차축'은 관료제입니다. 70년 전 일본은 유능한 젊은 관료들에 의해 관료제라는 골격을 만들어냈습니다. 하지만 이러한 관료제는 오늘날에도 여전히 '일본이라는 자동차'의 차축 역할을 담당하고 있습니다.

차축과 연결된 4개의 '타이어'는 학교, 회사, 세금 제도, 그리고 각종 보험 제도입니다.

'학교' 교육의 목표는 자유롭게 살아가는 개인을 길러내는 것이 아니었습니다. 바로 일본인의 표준화였습니다. 정답지상주의와 입시라

자료 1. '일본 사회'라는 자동차

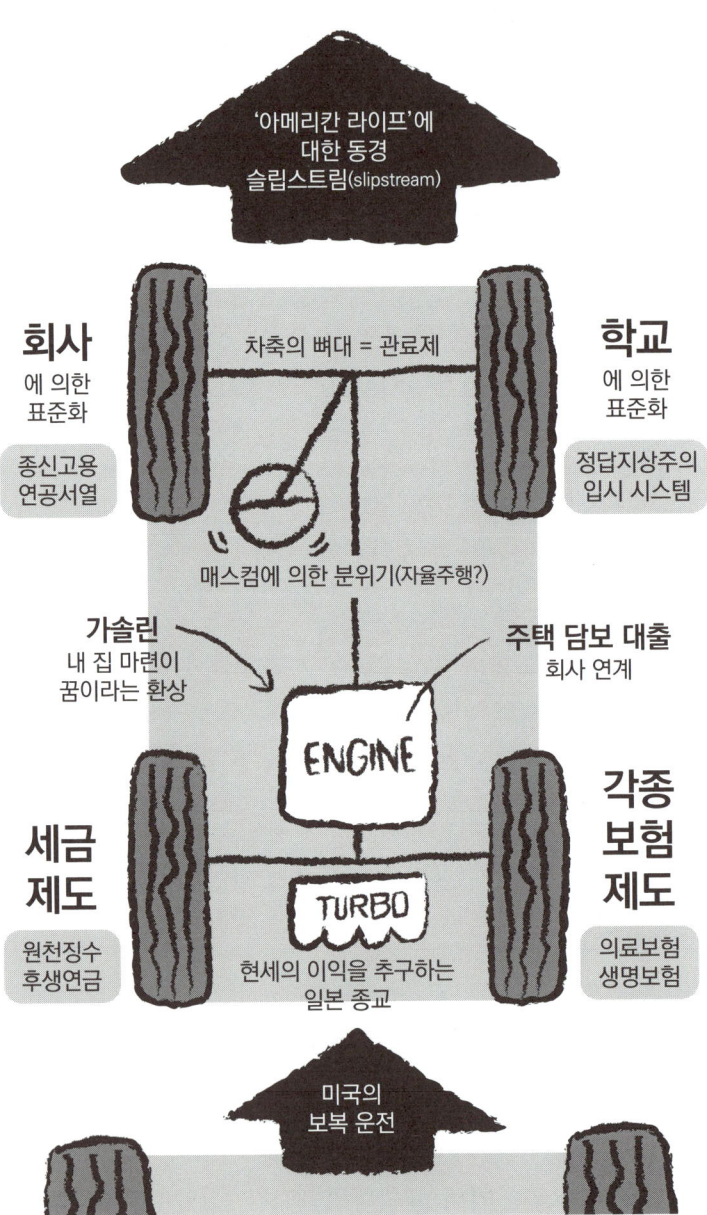

는 시스템을 통해 '빠르고, 제대로 할 수 있는, 말 잘 듣는 아이'를 대량 생산해온 것입니다.

'회사'는 학교를 졸업한 그런 아이들을 받아들이는 장소였습니다. 여기에서도 목표는 표준화였습니다. 이를 위해, (현재는 많이 완화되었다고는 하지만) 종신고용과 연공서열이라는, 인생에 대해 깊이 생각하지 않아도 되는 시스템이 만들어졌습니다. '버티자'라는 말 그대로, 그 자리에서 버티기만 하면 그만이었지요.

'세금제도(稅制)'는 원천징수와 후생연금(厚生年金)*입니다.
회사가 직원들 대신 세금을 납부해주는, 세계적으로 유례없는 일본의 원천징수 제도는 세금에 무관심한 국민을 만들어내는 데 성공했습니다.
덕분에 대부분의 일본인들은 회사를 그만둘 때까지, 아니 회사를 그만두고 나서도 세금에 대해 잘 모릅니다. 그리고 연금이 있으니 노후는 걱정 없다고 생각하지요. 정말로 괜찮은지는 CHAPTER 7에서 검증하도록 하겠습니다.

각종 보험 제도는 '버티자'를 안심하고 실천할 수 있도록 만들어진 시스템입니다. 잘 정비된 의료보험과 더불어 생명보험 가입이 장려되어 유사시에도 불안을 느끼지 않고 살아갈 수 있도록 했습니다.

---

* 한국의 국민연금 중 직장 가입자 부분과 유사

여기에 '휘발유' 역할을 한 것은 바로 집(내 집)을 마련하는 것이 꿈이라고 하는 개인의 환상입니다. 집을 소유하는 것은 훌륭한 것이라는 사회적 분위기를 조성하고, 주택을 사자, 아파트 다음은 단독주택이라며 꿈을 부채질했습니다.

'엔진'은 내 집 마련이라는 꿈을 실현시켜주는 주택 담보 대출입니다. 직장인이 되면 직장과 연계된 저금리 대출을 이용할 수 있습니다. 따라서 보다 유리하게 주택 담보 대출을 받아 집을 마련할 수 있지요.

'핸들'은 대중매체입니다. TV를 중심으로 한 대중매체는 '이 방향으로 가자, 이 방향으로 가는 것이 더 바람직하다'며 사람들을 이끌었습니다. '아무것도 생각하지 않아도 돼, 이대로 자율주행 모드로 가도 괜찮다'는 메시지를 계속해서 흘려보냈습니다. 이렇게 지금의 사회적 분위기가 형성된 것입니다.

자율주행 모드를 해제하자

'일본이라는 자동차' 앞에는 미국이라는 자동차가 달리고 있었습니다. 일본이 전후에 추구한 것은 바로 '아메리칸 라이프'였습니다. 구체적으로는 미국 드라마에 등장하는 넓은 거실이 있는 집, 큰 정원, TV, 애완견 등이었지요.

그리고 앞을 달리는 미국이라는 자동차로부터 슬립스트림(slipstream)이 생겨났습니다. 이는 고속으로 달리는 물체 뒤에 발생하는 소용돌이와 같은 공기 흐름을 말합니다. 이 현상으로 인해 '일본이라는 자동차'는 미국이라는 자동차에 자연스럽게 끌려가게 되었습니다.

이는 앞에서만이 아니었습니다. 뒤에도 미국 자동차가 있었습니다. 바로 '일본이라는 자동차'를 부추기기 위해서였지요. 이것이 바로 미국의 '보복 운전'입니다. 결정타는 '터보'로, 이는 '현세의 이익을 추구하는 일본 종교'라고도 할 수 있습니다.

대부분의 종교는 '천국에 갈 수 있다', '행복한 사후가 찾아온다'라는 등 죽음 이후의 행복에 대해 설교합니다. 한편, 일본은 흔히 무종교 국가라고 불리지만, 오늘날의 일본인들은 사후에 어떻게 되고 싶은지에 대해 그다지 생각하지 않습니다. 그 대신 현세에서의 이익을 더욱 중시하고 이에 집착합니다. '지금 당장 돈이 필요하다', '지금 당장 안정이 필요하다', '지금 당장 집이 필요하다', '지금 당장 권력이 필요하다' 등 말이지요.

이렇듯 현세의 이익을 추구하는 분위기는 '일본이라는 자동차'를 조종하는 데 매우 유리하게 작용했습니다. 자율주행 시스템뿐만 아니라 그 속도를 높이는 '터보'로써의 역할을 한 셈이지요.

이처럼 일본인은 자신도 모르는 사이에 '일본이라는 자동차'에 탑승하게 되었습니다. 그렇게 함으로써 매사에 제대로 생각하지 않고도 어느 정도 살아갈 수 있었습니다. 그야말로 자동 운전이었던 것이지요. 단지 '버티기만 하면' 모든 것이 굴러갔습니다.

하지만 자동차의 마지막 종착지가 어디인지, 그 종착지에 행복이 기다리고 있을지는 별개의 이야기입니다. 자동차는 그저 달릴 뿐이기 때문에 탑승자는 어디로 끌려가는지 알 수 없습니다. 끌려간 장소에서 '어! 뭔가 이상한데?'라고 느껴도 이미 늦은 셈입니다.

따라서 우리가 가장 먼저 해야 할 일은 자율주행 모드를 해제하는 것입니다. 한 번쯤은 달리는 고속도로에서 내려서, 자신이 어디로 가야 할지 스스로 결정해야 합니다. 자신의 의지로 운전해야만 하는 것이지요. 그래야 '어디로 끌려가는지 알 수 없는 상태'에서 벗어날 수 있습니다.

저는 30대에 고속도로에서 내렸습니다. 그 덕분에 저 자신을 주인공으로 삼은 충실한 인생을 보낼 수 있었다고 생각합니다. 그 계기에 대해서는 CHAPTER 3에서 자세히 이야기하도록 하겠습니다.

직소퍼즐형에서
레고형으로

'일본이라는 자동차' 부품 중에는 이미 무너지기 시작한 것들이 있습니다. 예를 들어, '핸들' 역할을 했던 대중매체의 영향력은 인터넷의 등장으로 점점 낮아지고 있습니다. 또한 '회사'의 경우, 종신고용과 연공서열이 무너졌고, '잃어버린 30년' 동안 세금과 사회보험료에 대한 부담이 늘어나면서 국민의 의식도 변하기 시작했습니다. 내 집 마련이 꿈이라는 개인의 환상도 저출산·만혼화·미혼화가 진행되는 가운데 변화하고 있습니다.

'권력'이 이동하고 있다는 점에도 주목할 필요가 있습니다.
과거에는 세상을 사는 데 필요한 정보는 주로 바깥에서 일하는 아버지가 가져왔습니다. 교실에서는 교사가 중요한 지식을 갖고 있었습니다. 그래서 가정에서는 아버지가, 학교에서는 교사가 존경받았습니다. 정보를 독점할 수 있게 되면 그곳에서 권력이 탄생하게 되는 것이지요.

그런데 가정과 학교에 TV가 들어오면서 정보는 전업주부인 어머니나 아이들에게도 공개되었습니다. 〈꼬마 박사님(博士ちゃん)〉이라고 하

는 똑똑한 아이들이 나오는 TV 프로그램을 보면, 아이들이 선생님 역할을 해도 이상하지 않을 정도입니다.

더 나아가 인터넷의 등장으로 교사나 아버지가 정보를 독점하던 시대는 점차 사라지고, 아이들도 정보를 가지게 되었습니다. 그리고 스마트폰 시대를 거쳐, 오늘날은 생성 AI 시대에 접어들었습니다. ChatGPT의 등장은 정해진 '정답'만 가르치던 교사의 지위를 위협할 수밖에 없습니다.

정답을 도출하는 능력을 저는 '정보 처리력'이라고 부릅니다. 읽기, 쓰기, 계산의 빠르기와 정확성, 정답을 암기하고 시험에서 재현하는 능력이지요. 정보 처리력은 기초적인 능력이란 면에서 중요합니다. 하지만 새로운 시대에 필요한 것은 '정답'이 아니라 '납득할 수 있는 해답'을 도출하는 능력입니다.

'납득할 수 있는 해답'이란, 스스로 납득할 수 있을 뿐만 아니라 다른 사람들도 설득할 수 있는 해답을 말합니다. 이미 모든 사람이 공통으로 생각하는 유일한 정답이란 존재하지 않습니다. 누구든지 일이나 삶 속에서 시행착오를 거치면서 스스로 납득할 수 있는 해답을 찾아 나갈 수밖에 없습니다.

이러한 납득할 수 있는 해답을 도출하는 능력을 저는 '정보 편집력'이라고 부릅니다. 정답이 없거나, 정답이 하나가 아닌 문제를 해결하는 능력. 오늘날 요구되는 것은 정보 처리력뿐만 아니라 정보 편집력을 단련하는 것입니다.

직소퍼즐과 레고를 예로 들어보겠습니다. 직소퍼즐에는 완성된 그림(정답)이 있고, 어디에 어떤 조각을 넣을지가 정해져 있습니다. 그 정답대로 맞춰나가면 되지요. 이것이 바로 정보 처리력입니다.

반대로, 정보 편집력은 레고에 가깝습니다. 레고는 부품을 어떻게 조합하는지에 따라 다양한 것들을 만들 수 있는데, 정답이 정해져 있는 것은 아닙니다. 자신이 만들고 싶은 것을 상상력을 발휘해 창조해 나가는 것입니다. 오늘날의 시대가 필요로 하는 것은 직소퍼즐형에서 레고형으로의 전환입니다.

그리고 이것은 당분간 AI가 해내기 어려운 부분이기도 합니다. 정보 처리력의 경우, 빠르고 정확하게 정답을 도출할 필요가 있습니다. 하지만 ChatGPT에 맡기면 그 작업이 순식간에 이루어지지요. 그 속도는 인간은 상대가 되지 않습니다. 그렇다면 정답을 도출하는 것은 AI에 맡기는 편이 더 낫지 않을까요? 그렇다는 것은 직소퍼즐형 인재는 결국 AI에 의해 대체될 수밖에 없을 것입니다.

스마트폰,
커닝도 대환영

현재 큰 주목을 받는 것은 '교육'입니다. 학교라는 장치가 매우 거짓된 것으로 변하고 있기 때문입니다. 애초에 '일본이라는 자동차'에서 표준화를 목표로 삼았던 것이 바로 일본의 학교 교육이었습니다. 공장처럼 일렬로 배치된 책상에 교탁은 그보다 한 단계 높게 위치해 위에서부터 지식을 전달할 수 있도록 설계된 것. 이것이 20세기 산업화 시대의 교실 모습이었습니다.

학교는 정보 처리력이 뛰어난 '빠르고, 제대로 해내는 말 잘 듣는 아이'를 대량 생산하는 장치였던 것입니다. 따라서 '학생 개개인에 맞춘 학습', '개성 발휘', '다양성' 등 새로운 시대의 키워드와는 전혀 맞지 않습니다.

'조용히 합시다!'
초등학교 선생님이 가장 많이 하는 말이 바로 이것입니다. 경우에 따라서는 '합죽이가 됩시다!'라고 말하기도 하지요.
학생들은 중학생이 되어도 '함부로 의견을 말하지 말라!'며 억압받습니다. 고등학생이 되면, 특히 대학 진학을 목표로 하는 학교에서는 더욱 두드러지는데, 대학 수학능력 시험의 사지선다형 문제에 답하기 위해 '생각하지 말라!'고 교육받기도 합니다. 외운 것을 반사적으로 답하려면 오히려 생각하지 않는 편이 낫다는 것이지요.

과연, 이렇게 해서 진정한 의미의 교육이 이루어질 수 있을까요? 학생들을 교실에 가둬놓고 외부 자극을 차단한 채, 오로지 교사가 지식을 전달하는 '일괄적인 수업' 방식은 전후(戰後) 50년 동안은 기능했습니다. 만약 공장에서 대량 생산 제품을 만든다면 그 방법이 적절할 수도 있겠지요. 하지만 이제 일본은 그런 단계에 있지 않습니다.

2009년, 싱가포르는 교육 개혁을 통해 인재 육성의 목표를 변경했습니다. 기존의 '따라잡고 앞서 나가는 방식'에서 '자신감 있는 사람', '자기 주도적인 학습자', '적극적인 기여자'로 변화했고, 최종적으로 '의식 있는 시민'이 되는 것을 목표로 삼고 있습니다. 성적과 관계없이 학생들을 섞어서 반을 편성하고, 개별 지도를 도입하며, 하고 싶은 것을 마음껏 할 수 있도록 했습니다. 세계적으로 높은 경쟁력을 자랑하는 나라가 방향을 전환하기 시작한 것입니다. 이러한 시대에, 부조리한 지금의 학교 교육을 바꾸려면 어떻게 해야 할까요?

세상을 향해 교실을 개방해야 합니다. 학생들의 스마트폰이나 태블릿을 Wi-Fi에 연결해 구글이나 ChatGPT를 자유롭게 활용하면서 수업을 진행하는 것이지요. 그런 네트워크형 수업으로 전환해야 합니다. 세상과 연결되고, 모두가 대화하며 창의적으로 배우는 방식으로 말입니다. 또한, 주체적이고 협력적으로 소통 능력을 기르는 '액티브 러닝

(Active learning)' 방식으로 변화해야 합니다. 새로운 학교 교육에서는 학생들의 발언이 매우 중요해집니다. 이를 위해서는 스마트폰이나 태블릿에 입력한 의견을 대형 스크린에 띄워 모두가 볼 수 있게 해주는 환경이 필요할 것입니다.

과거 교실에서 교사가 자주 말하던 '조용히 합시다'라는 말은 오히려 정반대가 될 것입니다. 또한, 스마트폰 시대에 접어들면서 등장한 '휴대폰 전원을 끕시다!'라는 말도 이제는 필요하지 않게 될 것입니다. 앞으로는 '커닝하면 안 됩니다!'라는 규칙마저 사라질지도 모르지요.

'조용히 합시다'라고 말하면 학생들은 발언할 수 없습니다. 다양한 의견이 나오지 않으면, 교실에서 공유할 수도 없고, 브레인스토밍도 할 수 없습니다. 다양한 의견이 나와야 비로소 '납득할 수 있는 해답'에 가까워질 수 있습니다.

또한, 스마트폰을 꺼버리면 구글이나 ChatGPT를 사용할 수 없게 됩니다. 정답은 스마트폰에서 찾을 수 있지만, 정답이 없는 문제에 대해서는 스마트폰 검색이나 친구들의 의견을 참고하면서(커닝하면서) 생각을 발전시켜야만 납득할 수 있는 해답에 다다를 수 있습니다. 즉, 학생들 간의 창의적인 대화야말로 가장 필요한 것이지요.

ChatGPT는 일본의 학교 시스템과 교사들에게 새로운 길을 인도할 것입니다. 저는 그렇게 생각합니다. 왜냐하면, 단순히 정답만을 가르치는 것이라면 온라인 교육이나 생성형 AI로도 충분하기 때문입니다.

일하는 사람은
두 부류로 나뉜다

변해야 하는 것은 학교 교육뿐만이 아닙니다. 회사, 업무, 스킬이나 커리어에 대한 인식도 크게 바뀔 필요가 있습니다.

그 핵심 키워드는 '희소성'입니다. 지금은 이미 성장 사회에서 성숙 사회로 전환되었으며, 이 성숙화가 더욱 심화되는 동시에 AI 로봇의 보급이 진행되면 결국 일하는 사람들은 크게 두 부류로 나뉘게 될 것입니다.

저는 이를 '커머더티(Commodity) 직장인'과 '레어 카드((Rare Card) 직업인'이라고 부르고 있습니다.

커머더티 직장인은 누구나 할 수 있는 매뉴얼대로 업무를 수행하는 평범한 직장인이나 아르바이트 직원을 의미합니다. 가게에서 상품을 진열하거나 교체하는 일, 잘 팔리는 상품을 앞으로 배치하는 일을 예로 들 수 있습니다. 이런 일들은 언제든지 다른 사람으로 대체될 수 있기 때문에 업무 단위당 보수, 즉 시급이 오르지 않습니다. 노동력이 풍부하게 공급되는 사회에서는 시급이 점점 하락할 수밖에 없습니다. 게다가, 기술의 발전으로 AI 로봇을 도입하는 비용이 낮아지면 결국 기계가 인간을 대체할지도 모릅니다.

한편 레어 카드 직업인은 대체 불가능한, 특별한 일을 합니다. 예를 들어, 의뢰가 끊이지 않는 변호사나 컨설턴트, 고객들에게 인기가 많은 마사지사나 미용사 등입니다. 이러한 직업들은 대체할 사람이 없기 때문에, 시급이 점점 높아집니다. 또한, 경기 불황과 관계없이 항상 수요가 존재하기 때문에, 레어 카드 직업인의 부가가치는 불황에도 낮아지지 않습니다.

즉, '레어 카드 직업인 = 희소성을 가진 사람'이라는 의미입니다.
'그건 알겠는데, 나는 할 수 없고, 나랑은 관계없는 이야기야.' 혹시 이렇게 생각하고 계시지는 않나요? 사실 그렇지 않습니다. 먼저 시급에 관해 설명해보도록 하겠습니다.

자료 2. 일본인의 시급

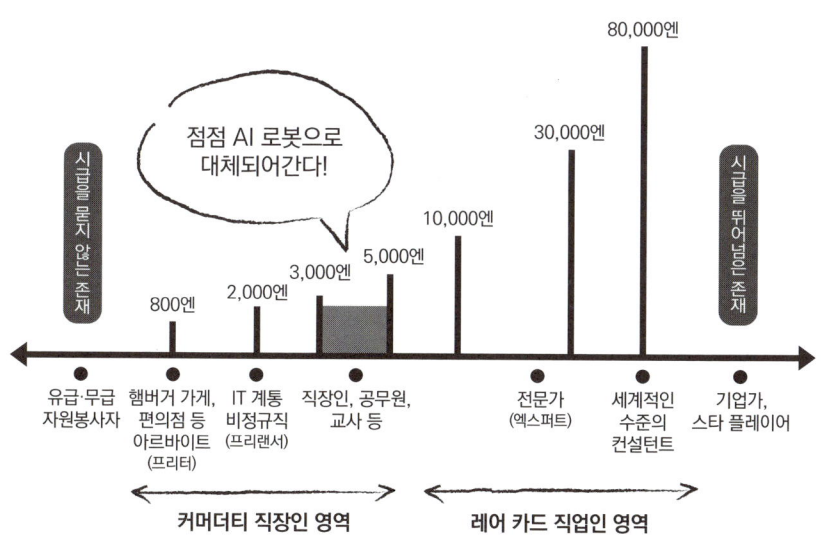

CHAPTER 1. 자신만의 인생을 살아갈 수 없는 나라　**35**

일자리를 잃는 사람들

앞의 〈자료 2〉는 '일본인의 시급'을 나타낸 것입니다.

왼쪽에서 오른쪽으로 갈수록 시급이 높아지는데, 그래프의 오른쪽이 레어 카드 직업인의 영역, 왼쪽이 커머더티 직장인의 영역입니다. 일본에서는 수입을 말할 때 보통 연봉이나 월급을 기준으로 삼지만, 여기서 일부러 '시급'을 사용한 데는 이유가 있습니다.

시급이란, 총수입을 노동 시간으로 나눈 값입니다. 예를 들어, 연봉 1,000만 엔을 받는 사람이 있다고 해봅시다. 한 달에 100시간 연장 근무를 한 사람과 야근을 일절 하지 않은 사람의 시급은 전혀 다릅니다. 또한, 수입을 늘리기 위해 몸과 마음을 혹사하면서까지 일하는 사람이 있습니다. 하지만 그렇게 버는 돈은 실질적인 의미에서 수입이 증가한 것이라고 보기 어렵습니다. 왜냐하면 시급이 증가하지 않았기 때문이지요.

이제는 전후 70년 동안 유지되어온 일본의 일하는 방식을 다시 생각해볼 필요가 있습니다. 여기서 우리가 논의해봐야 할 주제는 '시간당 부가가치'이자, 시간당 업무의 생산성을 높이는 것입니다.

다시 〈자료 2〉를 살펴봅시다. 일본인의 시급은 최대 100배나 차이 납니다. 구체적으로 보면, 시급 800엔을 받는 아르바이트생과 시급 8만 엔을 받는 세계적인 컨설턴트가 존재합니다.

그래프의 중앙에 위치한 사람이 일반적인 직장인과 공무원이며, 이들의 시급은 3,000~5,000엔 정도입니다. 저는 이를 '수준 높은 일반 직업'이라고 부르는데, 사실 이 영역은 AI 로봇에 의해 가장 먼저 대체될 가능성이 큽니다. 해당 영역의 직업군은 향후 10년 이내에 절반으로 줄어들고, 20년 이내에 완전히 사라질 가능성이 크다고 생각합니다. 심지어 더 빨리 사라질 것이라고 전망하는 전문가들도 있습니다.

'시급이 낮은 직업부터 AI 로봇으로 대체되는 것이 아닌가?' 그렇게 생각하시는 분들도 계실 테지요. 하지만 시급이 낮은 직업은 AI 로봇을 도입하는 것보다 인간에게 맡기는 것이 더 저렴합니다. 편의점 직원이 좋은 예시입니다. 편의점 업무는 꽤 복잡합니다. 반드시 해야만 하는 일이 많고 게다가 순간적인 판단이 필요한 경우도 많지요. 또한 눈앞의 고객 기분도 고려해야 합니다. 즉, 기본적인 인간력(人間力)이 필요한 직업입니다.

이 모든 것을 수행하는 AI 로봇을 도입하려면 상당한 비용이 발생할 것입니다. 따라서 편의점 업무는 쉽게 AI 로봇으로 대체되지 않을 가능성이 큽니다. 즉, AI 로봇으로 대체할 수 있는 직업은 시급 800엔에서 8만 엔까지의 폭넓은 범위 중에서도, 일반적인 직장인과 공무원의 영역, 다시 말해 '정보 처리 중심'인 직업입니다.

그렇다면 일자리의 경우 앞으로 어떻게 변할까요?

〈자료 2〉의 중앙 부분이 좌우로 갈라지면서, 커머더티 직장인과 레어 카드 직업인으로 양극화될 가능성이 큽니다. 현재 시급 3,000~5,000엔을 버는 '수준 높은 일반 직업'을 갖고 있더라도, 아무런 변화 없이 현재에 안주할 뿐이라면 점차 시급 800엔 수준까지 떨어질 수도 있습니다(물론, 인플레이션이 가속화되고 노동 수요가 증가해 최저 시급이 2,000엔이 될 수도 있지만, 그래도 여전히 '최저 수준'이라는 점에는 변함이 없습니다).

한편, 시급 8만 엔 영역을 향해 나아갈 수도 있습니다. 그 핵심 키워드가 바로 '희소성'입니다. 희소성을 가지면 레어 카드 직업인이 될 수 있고, 그래프의 오른쪽을 향해 나아갈 수 있습니다. 하지만 희소성이 반드시 '직업적인 성공'만을 의미하는 것은 아닙니다. 희소성을 가지면 커뮤니티에서 폭넓고 강력한 인맥을 형성할 수 있고, SNS에서 팬이나 팔로워를 모을 수 있으며, 많은 지지자를 모아 자신의 비전을 향해, 더욱더 가깝게 다가갈 수 있습니다.

반대로, '평범하지만 번듯한 직장에 다니는 것으로 만족하라'라는 생각으로 현실에 안주하거나, 회사의 브랜드에만 의존해 커머더티 직장인으로 남아 있는다면, 회사를 그만둔 순간 경쟁력 없이 쓸쓸한 상황에 처할 수도 있습니다.

일의 가치는 'OO'에 의해 결정된다

　물론 '시급'만이 일의 가치에 대한 전부는 아닙니다. 시급과 상관없이 자원봉사 활동은 존경받을 가치가 있습니다. 또한, 기업가나 스타 플레이어는 사회에 큰 가치를 창출한다는 의미에서 시급이라는 개념을 초월하는 존재입니다. 그리고 우리는 어떤 일을 하는지가 시급을 결정하지는 않는다는 것을 깨달을 필요가 있습니다.

　예를 들어, 프로그래머 중에는 시급 2,000엔을 받는 사람도 있고, 시급 2만 엔 이상을 받는 사람도 있습니다. 정원사 역시 마찬가지입니다. 수입이 적은 사람도 있는 반면, 막대한 수입을 벌어들이는 사람도 있습니다.

　동일한 직업인데도 이렇게 시급이 다른 이유는 무엇일까요?

　먼저, 높은 기술력과 숙련도를 예로 들 수 있습니다. 하지만 그것만이 전부는 아닙니다. 어느 특정 분야에 강한 수요가 존재하고, 그 분야에서 압도적인 실력을 갖춘 대체 불가능한 사람이라면 시급은 자연스럽게 상승할 것입니다. 즉, 높은 기술력이나 숙련도만이 시급을 결정하지는 않습니다. 이것이 바로 '장소'이자 '진지(陣地)'이며, '자리 잡기'인 것입니다.

그렇다면, 일의 가치는 무엇에 의해 결정될까요? 답은 아주 간단합니다. 바로 수요와 공급의 균형입니다. 수요가 크고 공급이 적다면, 당연히 그 가치는 올라갑니다. 이 원리를 이해하면 우리가 목표로 삼아야 할 방향이 보이기 시작합니다.

우리는 수요가 증가하는 분야이면서, 동시에 공급이 부족한 부분을 노려야 합니다. 반대로 누구나 할 수 있고, 모두가 나아가려는 곳일수록 경쟁자가 많아지기 때문에 점점 가치를 잃게 됩니다.

어떤 방향으로 나아갈지 고민할 때, 가장 중요하게 고려해야 할 요소가 바로 '희소성'입니다. 즉, 어떻게 하면 자기 자신을 레어 카드로 만들 수 있을지를 끊임없이 고민해야 하지요. 자율주행 모드에 의존할 것이 아니라 자신의 인생에 있어서 직접 방향키를 쥐고 전략적으로 나아갈 것을 계속해서 의식하도록 합시다.

'굳이 희소성이 없어도 그냥 회사에서 오래 일하면 어떻게든 되겠지!' 이런 안일한 생각을 하고 계셨다면, 지금 여러분 앞에 큰 함정이 도사리고 있다는 것을 깨달아야 합니다. 45세가 넘어가면 '소비기한'이 임박했을 가능성이 커지기 때문입니다.

직장인은 높은 지위로 올라갈수록, 인사권과 예산권을 부여받아 권력이 증가한 것처럼 보입니다. 하지만 그 권력을 보장하는 것은 우리의 인간력이 아니라 회사의 신용력입니다.

그리고 나이가 들면 들수록, 승진하면 할수록, 상사로부터 해고당할 위험성은 더 커집니다. 해고되지 않더라도, 성향이 맞지 않는 상사와 마주하는 것이 점점 견디기 힘들어지지요.

직장인에게 가장 큰 리스크는 상사입니다. 이것은 부장이 되어도, 국장이 되어도, 이사가 되어도 마찬가지입니다. 상사에게는 그러한 권한이 있기 때문입니다. 따라서 조기에 '레어 카드 직업인'을 염두에 두는 편이 좋습니다. 그러면 회사 밖에서 시장 가치가 높아지고, 회사 내에서 인사부와 협상할 수 있게 되기 때문입니다.

'사내 자영업자'를 목표로 삼자

　〈자료 1〉에서 묘사한 '회사'에서, 직원들이 열심히 일했던 데에는 이유가 있습니다. 직원들 사이에 자신의 재직 기간(직업 수명)보다 회사의 수명이 더 길다는 공통된 인식이 있었기 때문입니다. 그래서 모두가 회사에 평생 몸을 의지하려고 했습니다. 그리고 옛말에 '의지하려면 큰 나무 그늘 아래'라는 말이 있습니다. '남에게 의지하려면 힘 있는 사람에게 의지하는 것이 좋다'는 뜻인데, 이 말처럼 다들 대기업에 들어가고 싶어 했습니다. 그리고 일단 입사하고 나면 마치 자동으로 운전되는 것처럼 아무런 생각을 하지 않아도 정년까지 다닐 수 있었고요.

　하지만 지금은 상황이 크게 변했습니다. 버블 붕괴 이후 대기업의 도산이 잇따랐고, 고령화로 인해 정년도 연장되었습니다. 많은 사람들이 자신의 직업 수명보다 회사의 수명이 더 짧을 수도 있다는 사실을 깨닫기 시작한 것이지요. 회사가 망하지 않더라도 부서가 통째로 없어지는 경우도 늘어나고 있습니다. 회사를 더 탄탄한 조직으로 만들기 위해 핵심이 아닌 사업이나 수익성이 낮은 사업을 타사에 매각하는 일이 최근 30년간, 유명 기업에서도 비일비재하게 일어나고 있습니다.

부문별로 나누어 사업 회사로 만들고, 각각 어떠한 사업을 하고 있는지를 명확하게 구분해놓은 회사도 증가했습니다. 각각의 사업 회사마다 사장이나 이사가 있으며, 전체적으로 지주회사나 홀딩스의 형태를 취하는 경우도 많아졌습니다. 이렇게 되면 사업 회사 단위로 매각하는 것도 어려운 일이 아닙니다. 시대가 변하는 속도가 빨라지면서, 사업이 조금이라도 흔들릴 경우, 재빠르게 콘셉트를 바꾸지 않으면 기업이 살아남을 수 없는 상황에 이르렀습니다.

즉, 이제는 회사의 수명이 짧아졌을 뿐만 아니라, 사업의 라이프 사이클도 짧아지면서 개인의 직업 수명이 더 길어지는 역전 현상이 발생하고 있습니다. 이렇게 되면 '의지하려면 큰 나무 그늘 아래'라는 논리가 더이상 통하지 않게 됩니다. 조직에 소속되어 있더라도 '내가 의지할 수 있는 것은 스스로의 능력뿐'이라는 각오가 필요합니다. 이제, 자율주행 모드를 해제하고 자신의 포지셔닝을 전략적으로 생각해야만 하는 상황이 온 것입니다.

'그렇다고는 하지만, 도대체 무엇부터 시작해야 좋을까….'
이렇게 고민하는 분들도 적지 않을 것입니다. 그래서 제가 추천하는 것은 조직 내에서도 '자영업자'라는 의식을 갖자는 것입니다.

먼저, 회사에서 일하는 것에 대한 마인드를 바꿔보도록 합시다. 회사에 고용된 것은 사실이지만, '고용되었다'라는 생각 자체를 버려야 합니다. 그 대신 나 자신이 나를 고용하고 있다고 생각해야 합니다. 직장인이지만 자영업자라는 마인드로 회사와 관계를 맺는 것이지요. 전문가로서 높은 부가가치를 창출하고, 그에 대한 대가를 받고 있다는 감각을 갖는 것이 중요합니다.

1만 시간으로
프로가 될 수 있다

조직 내에서 '자영업자'와 정반대에 위치한 사람이 있습니다. 바로 회사의 브랜드에 의지하고, 회사에 기대며, 상사의 눈치를 보면서 일하는 사람들입니다. 하지만 그럴 것이 아니라, '내 상사는 사회 전체다' 정도로 생각해봅시다. 구체적으로는, 회사가 쌓아온 자산을 최대한 활용해 자신의 배움으로 결부시키는 것입니다. 회사를 비즈니스 스쿨이라고 생각하고, 자신의 능력을 철저하게 갈고닦는 것이지요. 회사 안에 있으면서도 항상 바깥으로도 시선을 돌려, 언제 어디서나 통용될 수 있는 스킬을 단련하는 것입니다. '그렇게 행동하면, 오히려 회사 내 입지가 위태로워지지 않을까?' 이렇게 걱정하시는 분도 계실 것입니다. 하지만 사실은 오히려 정반대입니다. 능력을 착실하게 쌓고 회사에 기여하며, 더 발전하려는 의지를 가진 인재야말로 회사와 상사가 가장 필요로 하는 인재입니다.

프로페셔널을 지향하는 마음가짐으로 희소성 있는 무기를 지닌다면 개인이 하나의 브랜드가 될 수도 있습니다. 그리고 개인이 브랜드가 되면, 회사 또한 그러한 인재를 배출한 회사라는 이미지가 생겨나 오히려 메리트를 얻게 됩니다. 그리고 회사는 그런 인재를 쉽게 놓아

주려고 하지 않을 것입니다. 이로써 여러분은 회사와 대등한 관계를 맺을 수 있게 되는 것이지요. 여러분도 회사를 상대로 자신이 원하는 협상을 할 수 있는 사람이 됩시다.

또 한 가지, 중요한 점은 '프로'가 되는 것입니다. 나는 이 스킬이나 기술로 프로가 되겠다는 분야를 하나 정해봅시다. 여기서 말하는 '프로'의 정의는 '성과를 낼 수 있는 사람'을 의미합니다. 조금 더 구체적으로 말하면, 자신이 마스터한 스킬을 활용해 성과를 낼 수 있는 사람입니다. 성과를 내면, 보통 그 결과에 따른 보상을 받을 수 있으므로, 결국 벌이에도 반영될 것입니다. 따라서 '프로'란, 자신이 마스터한 스킬을 통해 성과를 내고, 돈을 벌 수 있는 사람을 뜻합니다. 조직 내에서든, 독립해서 활동하는 프리랜서든 상관없습니다.

세계적으로 성공한 사람들이나 천재라고 불리는 사람들도 처음부터 큰 성과를 낼 수 있었던 것은 아닙니다. 그들의 성공은 타고난 재능이나 자질보다는 환경적 요인이 더 크게 작용했습니다. '어느 시대에 태어났는지'라고 하는 '타이밍'과 '어떠한 환경에서 연습했는지', '어떤 사람들과 팀을 이루어 함께 노력하고 성장했는지'라고 하는 '포지셔닝'이 프로가 되기 위한 필요조건이었던 셈입니다.

그리고 프로가 되기 위한 충분조건은 '1만 시간 이상의 연습량'입니다. 자신이 정한 분야에 1만 시간을 투자해 '연습'하는 것이지요. 1만 시간을 들이면, 분야를 막론하고 누구든지 반드시 마스터 레벨에 도달할 수 있습니다. 예를 들어, 비틀스(The Beatles)도 갑자기 스타가 된 것이 아닙니다. 그들은 무명이었던 시절, 독일 함부르크 등지에서 하루 8시간 이상, 1,200회 이상의 라이브 공연을 했다고 합니다. '8시간 × 1,200회 = 9,600시간'에 달하는 셈이지요.

또한, 마이크로소프트(Microsoft) 창업자 빌 게이츠(Bill Gates)도 마찬가지입니다. 그는 컴퓨터가 막 등장하던 시기에 프로그래밍의 매력에 푹 빠져 1만 시간 이상을 투자했고, 결국 창업까지 할 수 있었습니다. 음악가나 스포츠 선수, 각 분야의 전문가들도 모두 1만 시간 이상의 연습을 했습니다. 이 '1만 시간의 법칙'은 자신에게는 특별한 능력이 없다고 믿고 있는 많은 사람에게 용기를 줍니다. 왜냐하면, 누구든지 1만 시간을 투자하면 마스터 레벨의 기술을 익힐 수 있다는 것이 증명되었기 때문입니다.

우리는 이미 프로가 되어 있다

'1만 시간'이라고 하면 너무나도 막대한 시간처럼 느껴질 수 있습니다. 하지만 회사에서 1년에 200일, 하루 8시간을 투자한다고 가정했을 때 약 6년에 해당하는 시간입니다. 즉, 한 가지 일을 6년간 꾸준히 해왔다면, 그 일에 대해서는 마스터 레벨에 도달한다는 것입니다.

만약 더 열심히 노력해서 주말까지 포함해 365일 '연습'한다면, 불과 3년 반 만에 1만 시간에 다다를 수도 있습니다. 근무 시간 외의 시간을 활용한다면, 하루 5시간 × 200일로 약 10년이 걸립니다. 즉, 무슨 일이든 10년간 지속하면 프로가 될 수 있다는 것이지요.

이 1만 시간이라는 숫자에는 근거가 있을 것 같다는 생각이 듭니다. 왜냐하면, 전 세계적으로 의무교육 과정으로 정해진 학습 시간이 바로 1만 시간이기 때문입니다. 일본의 경우도 중학교 3학년까지 의무교육을 통해 약 1만 시간 동안 배우고 있습니다. 즉, 일본인으로서 기본적인 소양을 익히는 데에도 1만 시간을 할애하고 있다는 셈이지요.

제 경험을 돌이켜보면, 리크루트(Recruit)에 입사 후 5년 동안 약 1만 시간을 '영업'과 '프레젠테이션' 연습에 투자했습니다. 입사 전부터 영업 업무를 희망했던 것은 아니었지만, 결과적으로 마스터 레벨에 도달할 수 있었습니다. 그 후에도 일반 영업사원에서 시작해 과장, 차장, 부장, 도쿄 영업 총괄부장까지 경험했기 때문에 저는 영업이라는 분야에서는 프로가 될 수 있었다고 생각합니다. 또한, 27~37세까지 리크루트에서 매니지먼트를 담당하면서, 매니지먼트 분야에서도 1만 시간을 투자해 마스터 레벨에 도달했습니다.

그렇다면 우리가 해야 할 일은 간단합니다. 프로가 되고 싶은 분야를 정하고, 1만 시간을 집중적으로 연습하는 것입니다. 만약 이미 8~10년 동안 경험해왔던 스킬이 있다면 그것은 이미 1만 시간을 넘어섰을 가능성이 큽니다. 즉, 여러분은 자신도 모르는 사이에 이미 프로의 영역에 도달한 것입니다.

그렇다면, 또 다른 프로 레벨의 스킬을 1만 시간 연습해 익혀봅시다. 자세한 내용은 다음 장에서 설명하겠지만, '스킬의 조합'이야말로 희소성이나 레어 카드를 확보하는 가장 좋은 방법이기 때문입니다. 아직 1만 시간의 연습을 채우지 못한 분이 계시다면, 빠르게 목표 분야를 정하시기 바랍니다.

현재의 업무에서 프로를 목표로 하는 것도 하나의 방법이고, 새로운 스킬을 익혀 또 다른 프로 레벨을 목표로 하는 방법도 있습니다. 자신만의 포지셔닝을 설정하고, 1만 시간을 투자해 마스터 레벨을 손에 넣는 것입니다.

나이를 막론하고 누구든 시작할 수 있습니다. 빨리 시작할수록, 하루에 더 많은 시간을 투자할수록, 당연히 1만 시간에 더 빨리 도달할 수 있습니다.

기업의 승자와 패자는
1998년에 갈렸다

매일 정신 없이 바쁜 와중에 1만 시간을 확보하려면 어떻게 해야 할까요? 제가 추천하는 방법은 '피하기', '회피하기', '거절하기', '줄이기', '그만두기'입니다. 이러한 행동을 통해 자신만의 시간을 만들어낼 수 있기 때문입니다.

제2차 세계 대전 이후, 50년 동안 사회가 확장됨에 따라 우리가 해야 할 일들도 점점 더 확대되어왔습니다. 국가 예산은 물론 철도 및 도로 등의 인프라, 문화 시설 및 관광 시설 등 모든 것이 우상향 곡선을 그리며 성장했습니다. 기업들도 '더 많은 시장 점유율', '더 높은 매출', '더 다양한 사업 확장'을 외치며 점점 더 몸집을 불려나갔지요. 이러한 확장의 물결에 호응하듯이, 우리 개인들도 '이것도 해야 해', '저것도 해야 해'라는 '더 많이'라는 사회적 분위기에 지배되었습니다. 하지만 1991년 일본의 거품 경제가 붕괴되었고, 1997년 일본 경제 성장률은 정점을 찍고 하락세에 접어들었습니다.

1998년부터 일본은 '성숙 사회'로 진입했습니다. 그 증거로, 당시 은행·증권·보험 업계에서 예상치 못한 파산, 도산, 합병, 대규모 구조 조정의 폭풍이 몰아쳤습니다. 구조 조정이라는 단어를 사용하면 그 본질이 모호해질 수 있기 때문에, 좀 더 구체적인 표현으로 바꿔서 생각해봅시다.

① 사업이 잘 풀리지 않는 시장에서 '도망치기'
② 불확실하고 리스크가 큰 투자를 '피하기'
③ 인간관계나 의리로 계속해오던 거래를 '끊기'
④ 불필요하게 유지하고 있던 인력을 '줄이기'
⑤ 직원에 대한 복리후생을 '그만두기'

대응이 빨랐던 기업들은 1989년경, '버블이 터진 것이 아닐까'라는 소문이 돌 시점에 이미 사업의 구조 조정에 착수하고 있었습니다. 이후 최소한 2~3차례 경종이 울렸지요. 따라서 1998년경에 급박하게 구조 조정에 나선 기업은 '느긋한 기업'이었다고 말할 수밖에 없습니다. 그 증거로, 1998년 중간 결산에서 수많은 상장 기업들이 이익 감소를 겪은 반면, 일부 기업은 사상 초유의 수익을 올렸습니다. 이는 빠른 단계에서 구조 조정을 마치고, 회사의 '코어'가 되는 서비스, 기술, 사업에 특화된 기업들이 실적을 올렸기 때문입니다. 여기서 말하는 코어란, 그 기업의 강점이 가장 잘 발휘될 수 있는 '회사 고유의 특성이나 독자적인 기술'을 말합니다.

인터넷 산업뿐만 아니라 제조업과 유통업에서도, 승자가 모든 것을 독식하는 시장으로 변질되어가는 경향이 보였습니다. 적어도 기업 사회에서는 승자와 패자가 이렇게 명확해진 것입니다.

우리가 그만둬야 할 5가지

기업들은 확장을 멈췄지만, 개인들에게는 여전히 '더 많이'라는 강박감이 남아 있습니다. '더 누군가처럼 되어야만 해', '더 나에게 맞는 천직이 있을 거야'라며 파랑새를 찾아 헤매는 '더 많이' 증후군입니다. 실제로도 어떤 기술을 익혀야 구조 조정을 피할 수 있을지, 어디로 이직해야 할지 고민하는 사람들이 적지 않습니다. 소비도 마찬가지입니다. '명품 가방을 더 많이 갖고 싶다', '더 호화로운 여행을 하고 싶다'라는 '더 많이'족들은 예전과 비교해서는 줄어들었지만, 여전히 활개를 치고 있습니다. 성숙한 사회로 접어든 지 반의 반세기가 지났는데도 사람들은 아직도 '더 많이'를 외치고 있지요.

결국, 자신이 진정으로 빛나며 살아갈 수 있는 '코어', 즉 자신감의 원천이 되는 자신만의 강점을 발견하고 그것을 갈고닦는 수밖에 없습니다.

이를 위해서는 무엇을 해야 할까요? 여기, 기업들이 구조조정 당시 실행했던 5가지 기본 액션이 있습니다. 이는 우리의 시간 구조 조정에도 효과를 발휘할 것입니다.

① 사실은 하고 싶지 않지만, 인간관계나 관성의 법칙에 따라 하고 있었던 일로부터 '도망치기'
- 정말로 골프를 좋아하시나요?
- 가고 싶지도 않은 결혼식에 억지로 참석하고 계시지는 않나요?

② 정말 소중한 사람과의 시간을 소중히 보내기 위해, 의미 없는 인간관계를 '피하기'
- 가족과 대화도 하지 않으면서 의무적으로 날아온 연하장에는 묵묵히 답신을 쓰고 계시지는 않나요?

③ 할 수 없는 일은 분명하게 '거절하기'
- 어쩌다 보니 계속해서 떠맡고 있는 일은 없나요?

④ 취미라고 착각하고 해왔던 것들 중, 자신이 진심으로 좋아하고 편안해지는 것 이외에는 횟수를 '줄이기'
- 헬스장이나 영어 회화 수업, 명품 브랜드 옷을 정말로 좋아하나요?
- 앞으로 여행을 단 한 번만 갈 수 있다면, 어디를 선택하실 건가요?

⑤ 다른 누군가처럼 되려고 하거나, 세상의 시선·다른 사람의 눈을 의식해서 '이렇게 되면 더 멋져 보일 거야' 생각하는 '더 많이' 증후군을 '그만두기'
- 회사 선배가 정말로 부럽나요?
- 연휴나 여름휴가 때 교통체증이 예상되는데도 출발해서 피곤한 적은 없었나요?

그저 습관처럼 계속해오던 것들을 절반만 줄여도, 나만의 시간이 생깁니다. 그 시간을 나만의 '코어'를 찾는 시간으로 활용하시기 바랍니다. 그렇게 하면, 자신의 진정한 자리도 보이기 시작할 것입니다.

지금 우리에게 필요한 것은 생각하는 시간입니다. 자신을 인생의 주인공으로 만들기 위해, 이제부터라도 '더 많이'를 멈춰봅시다.

CHAPTER 2

승산이 있는 장소를 찾아 진지를 구축한다

일본의 사회 시스템을 이해하고, 앞으로 다가올 리스크를 파악하며, 자신만의 시간을 확보할 수 있게 되었다면, 이제 본격적으로 '자리 잡기'를 시작해봅시다. 그 기본은 '승산이 있는 장소를 찾고, 그곳에 진지를 구축하는 것'입니다.

여기서 주의해야 할 점은, 승산이 있는 장소는 사람마다 제각각 다르다는 것입니다. 여러분이 선택해야 하는 곳은 아무도 깃발을 꽂지 않은 장소입니다. 반드시 깃발을 꽂을 필요는 없습니다. 돗자리를 펴듯이 '여기가 내 자리다!'라고 선언하며, 공간을 확보하면 됩니다. 맹자가 말한 승리의 공식인 '하늘의 때, 땅의 이로움, 사람의 화합' 중에서도 '땅의 이로움(地利)'이 가장 중요한 열쇠가 됩니다.

승산이 있는 장소를 찾기 위해서는 높은 곳에서 널리 내려다볼 필요가 있습니다. 그리고 '에너지'와 '재미', 이 2가지를 생각해야 합니다.

에너지를 얻을 수 있는 일과 에너지를 빼앗기는 일

    승산이 있는 장소를 찾아 진지를 구축한다. 이를 위한 첫 번째 키워드는 바로 '에너지'입니다. 에너지를 얻을 수 있는 곳에 속해 있어야 합니다. 반대로 말하자면, 에너지를 빼앗기는 곳에 속해 있어서는 안 됩니다.

    제가 떠올린 곳은 기차역 개찰구입니다. 약 30년 전까지만 해도 자동 개찰기는 거의 찾아볼 수 없었습니다. 대부분의 역에서는 등하교나 출퇴근 시간이 되면 개찰구에 역무원들이 길게 줄지어 서서, 승객 한 사람, 한 사람의 표를 확인하고 가위로 표를 자르거나, '무임승차를 하지 않았는지' 정기권을 검사했습니다. 당시 개찰구에 있던 역무원들의 기분이나 태도는 썩 좋지 않았지요. 그 이유는 그 일이 에너지를 빼앗는 일이었기 때문입니다. 그들의 기분이 나쁘면 그곳을 관문처럼 지나가는 우리의 기분도 좋아질 리 없습니다.

    이런 단순 노동은 사람에게 맡겨서는 안 되었던 것입니다.
    그러던 중, 오므론(Omron)이 자동 개찰기를 개발했습니다. 그 후 성능이 점차 개선되면서 대부분의 역에 설치되었지요. 그 덕분에 역무원들은 에너지를 빼앗기는 일에서 해방될 수 있었습니다.

앞으로도 이런 단순 노동이나 화이트칼라의 '효율적인 사무직 업무'는 AI와 로봇에 의해 대체될 것입니다. 그리고 인간은, 더욱 인간다운 '에너지를 얻을 수 있는 일'에 집중할 수 있게 될 것입니다.

그 밖에도, 에너지를 빼앗는 일은 많습니다.
예를 들어, 자신은 도무지 납득할 수 없으면서도 '좋은 상품'이라며 물건을 판매하는 것도 매우 힘든 일입니다. 만약 그것을 가족이나 친구들에게도 팔아야 한다면 얼마나 더 괴로울까요? 이렇게 스스로 납득할 수 없거나, 과거에 쌓아온 신뢰를 갉아먹는 일은 우리의 에너지를 빼앗습니다.

반대로 어떻게 하면 일하면서 좋은 에너지를 얻을 수 있을까요? 가능하다면 자신이 좋아하는 일을 직업으로 삼으면 됩니다. 예를 들어, 자동차 운전을 정말 좋아하는 사람에게 테스트 드라이버는 최고의 직업이 될 것입니다. 또한, 신뢰를 쌓을 수 있는 일도 에너지를 얻을 수 있습니다. 웨딩 플래너는 여성들에게 인기 있는 직업인데, '플래너님 덕분에 행복해질 수 있었어요'라는 말을 들을 수 있다면 이것만큼 기쁜 일도 없을 테지요.

일을 하면서 혹은 그 일을 통해 에너지를 얻을 수 있습니다. 때로는 일 자체가 에너지를 만들어내기도 하지요. 세상에는 그러한 일들도 존재합니다.

일하면서
절대 해서는 안 되는 것

'좋아하는 일이 뭔지 모르겠다', '좋아하는 일은 취미로 남겨두고 싶다' 이렇게 생각하시는 분들도 계실 테지요. 그렇다면, 자신에게 주어진 일을 스스로 생각하고, 자신의 스타일대로, 자신이 주도권을 가지고, 자신만의 일로 만들어야 합니다. 더 나아가, 일을 점점 더 좋아할 수 있게 노력해야 합니다.

누군가가 시킨 일을 수행하는 것은 일이라고 할 수 없습니다. 그것은 '작업'일 뿐이지요. 일이란, 스스로 만들어가는 것이기 때문입니다.

예를 들어봅시다. 만약 영업 분야에서 자신만의 개성을 살릴 수 있다면 그 일을 통해 에너지를 얻을 수 있을 것입니다. 왜냐하면, 그 일은 자신만의 고유한 것이 되기 때문입니다.

따라서 절대 해서는 안 되는 일은 하기 싫은 일을 억지로 하는 것입니다. 그렇게 되면 일은 단순한 '작업'이 되어버리고, 일방적으로 에너지를 빼앗기게 됩니다. 그보다는, 스스로 일을 재미있게 만들려 하고, 실제로도 재미있어야 합니다. 뇌를 열고 확장시켜서 에너지가 들어올 수 있도록 해야 하지요.

'직장인이 되면 제약이 많으니까'라는 이유로 아르바이트만 고집하는 사람도 있습니다. 다른 이유로는 익숙하다는 것도 한몫할지도 모르겠네요. 직장인이 되어 일하는 자신의 모습은 상상하기 어렵지만, 지금까지 해왔던 아르바이트라면 쉽게 상상할 수 있기 때문이지요. 하지만 아르바이트로만 살아가는 것의 한계도 생각해볼 필요가 있습니다. 편의점 아르바이트를 예로 들어봅시다. 편의점에는 기본적으로 매뉴얼이 있습니다. 즉, 스스로 궁리하거나 주도적으로 움직이는 데 한계가 있는 셈이지요.

물론 아르바이트를 부정하는 것이 아닙니다. 사회 경험을 쌓는 용도로는 괜찮겠지만, 오랫동안 하는 것은 추천하지 않습니다. 아르바이트는 자유롭고 자신의 모습이 어떠할지 쉽게 상상할 수 있기 때문에 단기적으로는 에너지를 얻을 수 있습니다. 그러나 장기적으로는 자신만의 일로 만들 수 없기 때문에 결국 에너지를 얻지 못하게 될 가능성이 큽니다. 이렇게 에너지를 소모하기만 한 채로 방전된다면 더욱 힘들어질 것입니다.

하지만 그렇지 않은 아르바이트도 존재합니다.

좋은 회사, 나쁜 회사를 구별하는 3가지 포인트

제가 대학을 졸업하고 리크루트(Recruit)에 입사한 이유는, 그곳에서 아르바이트를 했던 경험 때문이었습니다. 저는 일개 아르바이트생에 불과했지만, 그곳에서 엄청난 에너지를 얻을 수 있었습니다.

리크루트의 가장 큰 특징은 '전 직원 경영자주의'입니다. 즉, 아르바이트생에게도 회사 정보를 공개하고, 누구나 경영자처럼 일이나 시스템에 대한 개선점을 생각하고 발언하며, 실제로 개선을 실행할 기회를 가질 수 있었습니다.

예를 들어, 신규 사업은 신규 사업 개발실에서 진행하는 것이 아니라, 'RING (Recruit Innovation Group) 콘테스트'에 참가한 그룹이 입상하면 직접 진행할 수 있었습니다. 예산이 배정되고, 인사권도 주어져서 팀원들이 스스로의 힘으로 주체적으로 사업을 운영할 수 있었던 것이지요.

또한, 채용 PR(홍보) 부서에서는 주로 대기업의 인사부나 중소기업의 사장 등, 조직의 핵심 인물들과 함께 일할 기회가 많았습니다. 영업 부서에서도 '고객에게 배운다'라는 자세로, 고객들로부터 많은 에너지를 얻을 수 있었습니다.

잡지 '주택 정보(現 SUUMO)'를 만드는 부서에서는 부동산 개발업자의 매출과 관련된 개발 부서나 마케팅 부서와 직접 연락하며 일을 하고 있었기 때문에 사회를 변화시키고 움직이게 만들고 있다는 사실을 자각할 수 있었습니다. 여행 잡지 〈자란〉과 웨딩 잡지 〈젝시〉를 만드는 부서에서도 마찬가지였습니다. 함께 일하는 상대방 측의 도덕성이 높으면, 에너지가 절로 들어옵니다.

리크루트에서는 다른 사람의 발목을 잡거나, 사내 파벌을 조성해 정치적으로 움직이며 상대를 깎아내리는 일은 전혀 없었습니다. 시로야마 사부로(城山 三郎, 60년대 일본 경제 소설의 아버지로 해박한 지식과 통찰로 기업과 조직의 생리, 직장인들의 애환을 사실적으로 묘사)나 이케이도 준(池井戸 潤, 현재 일본에서 가장 잘나가는 경제소설의 대가로, 은행원 출신 경력을 살려 은행 비리와 관련된 흑막이나 대기업의 만행, 혹은 은행의 갑질에 어려움을 겪지만 이걸 극복해내는 중소기업들의 이야기를 그림)의 소설에서 등장하는 사내 갈등이나 괴롭힘은 들어본 적도 없었지요.

여성들도 누구보다 활기차게 활약하고 있었고요. 파벌이 형성되지 않은 조직에서는 업무 중시 문화가 형성되는 것입니다. 그렇다면, 앞으로 취업이나 이직을 고민하는 사람들에게는 다음의 3가지가 중요한 판단 기준이 될 것입니다.

① 정보가 투명하게 공개되어 있고, 의사소통이 개방적인 회사인가?
② 거래처는 도덕성이 높고 배울 점이 많은 회사인가?
③ 파벌이나 정치적 갈등이 없고, 일에 집중할 수 있는 회사인가?

그렇다면, 에너지를 얻을 수 있는 조직에서는 직원들이 어떤 모습으로 성장할까요? 단도직입적으로 말하자면, 압도적인 '주인의식'이 길러집니다. 즉, '내가 이 일의 주인공이다'라는 의식입니다. 그리고 스스로 주도적으로 업무를 디자인하지요.

자신이 주인공이라는 의식을 갖고 일할 수 있는 환경이 주어진다면, 누구나 일에서 에너지를 얻을 수 있습니다. 반대로, 누군가의 지시에 따라 그저 작업만 수행해야 한다면, 에너지는 점점 빼앗기게 될 것이고요. 달리 말하자면, 성장에 별다른 도움이 되지 않는 단순한 '정보 처리형' 업무만 계속하게 되면 에너지가 소모되고, 스스로 주도적으로 생각하고 가설을 세우며 시행착오가 용인되는 '정보 편집형'인 창의적인 업무를 통해서는 에너지를 얻을 수 있다는 것입니다.

이직이나 이사 등 '장소'를 바꿀 때도, 에너지를 얻을 수 있는지의 여부는 중요한 기준이 됩니다. 구체적으로는 에너지를 얻을 수 있는 회사·업무인지, 에너지를 받을 수 있을 것 같은 지역·주거 환경인지가 중요합니다. 어떻게 하면 자신이 에너지를 더 쉽게 받을 수 있는지를 생각하는 것도 중요합니다. 예를 들어, 매일 출근하는 것이 좋은지, 아니면 원격 근무 중심이 좋은지 생각해볼 필요가 있습니다. 단순히 원격 근무를 권장한다고 해서 따르는 것이 아니라, 진정으로 에너지를 얻을 수 있는지를 기준으로 판단해야 합니다.

에너지를 얼마나 받을 수 있을지는 사람마다 제각각 다릅니다. 따라서, 자신이 에너지를 확실하게 받을 수 있는 장소를 택하도록 합시다.

JPH로 인해
자신을 망쳐서는 안 된다

사내에서의 포지션에도 주의를 기울입시다. 승진을 무작정 기뻐하는 '순진한 사람'이 되어서는 안 됩니다. 승진해서 에너지가 커지는 사람도 있지만, 개중에는 에너지를 빼앗기는 사람도 있기 때문입니다.

저는 40세에 리크루트를 퇴사하고, 독립적으로 활동하는 신규 사업 기획자로서 리크루트 최초로 회사와 대등한 관계의 프로페셔널 파트너 계약을 체결했습니다. 이것이 바로 '펠로우 제도'입니다. 당시 저는 부장직에 있었고, 6살, 2살, 0살이 된 세 아이를 키우고 있었습니다. 그런 상황에서 고독한 늑대처럼 회사에서 독립해서 혼자 활동하는 것은 드문 일이었기에, 언론의 취재도 여러 번 받았습니다. 당시 자주 들었던 질문이 '왜 그런 위험을 감수하느냐'는 것이었습니다.

회사라고 하는 조직 안에서는 실무 현장에서 벗어나 과장, 부장, 국장으로 승진할수록 정년까지 큰 리스크를 떠안는 것이라고 저는 생각했습니다. 부하 직원을 맡아 큰 부대를 이끌수록, 자신이 하고 싶은 일을 직접 할 수 없게 됩니다. 가능한 한 부하에게 일을 맡기고 그들을 육성하는 것이 관리직의 역할이기 때문입니다. 이렇게 되면 자신의 시간 중 60~70%는 다음의 3가지 일에 소비되게 됩니다.

① **접대**나 부하 직원과의 동행 영업, 여기에는 사내 접대 시간도 포함된다.
② 부하 직원의 **평가** 및 인사, 여기에는 부하 직원과의 회식 시간도 포함된다.
③ **회의** 및 사전 협의, 여기에는 관련 부서와의 사내 조정 시간도 포함된다.

이를 '접대(Jeopde)', '평가(Pyeongga)', '회의(Hoeeui)'의 머리글자를 따서 JPH[*] 비율이라고 부릅니다. 실제로 임원들의 일정표를 보면 한눈에 알아차리실 수 있습니다. 개중에는 'JPH 비율'이 90%에 달하는 사람도 있습니다.

회의에 많이 참석할수록 본래의 업무를 할 시간을 빼앗기게 됩니다. 일을 잘하는 사람일수록 높은 자리에 오르고, 높은 자리에 오를수록 일할 시간이 줄어드는 셈이지요. 이것이 바로 승진의 딜레마입니다. 회의 진행은 능숙해질지언정 업무 능력은 점점 떨어지게 되는 것이지요. 그리고 스스로가 대단하다는 환상에 취해 있는 동안, 현실이 닥쳐오게 됩니다. 회사 바깥의 사회에서 통하지 않게 된다는 사실을 깨닫게 되는 것입니다. 따라서 가능한 한 JPH에 소비하는 시간을 최소화해야 합니다.

---

[*] 원서의 경우, SSK 비율-접대(Settai), 사정(Satei), 회의(Kaigi)로 표기되어 있습니다.

40세에 부장직에서 물러나는 것과 본래의 업무를 제대로 다 하지 못하고 무능해지는 것, 어느 쪽의 리스크가 더 클까요?

저는 후자라고 생각했습니다. 제 눈에는 많은 직장인들이 리스크(조직 내에 잠재된 리스크, 에너지를 빼앗기는 리스크)를 단순히 미루고 있는 것처럼 보였습니다.

모든 조직은
점점 무능해진다

'아니, 나는 그러지 않을 것이다. 부하 직원을 이끌면서도 자기 일을 할 수 있다'라고 생각하는 분들도 계실 테지요. 하지만 어떠한 조직이든 피할 수 없는 리스크가 잠재되어 있습니다.

그것에 대해 가르쳐주는 것이 바로 '파킨슨의 법칙'입니다. 본래 '파킨슨의 법칙'은 '공무원의 수는 업무의 양과 관계없이 일정 비율로 증가한다'라는 뜻이었지만, 오늘날에는 '모든 조직은 비대해지는 경향이 있다'라는 것이 일반적인 기본원칙으로 받아들여지고 있습니다.

승진한 사람이 유능할수록 자신의 업무 영역을 넓히기 위해 직원을 더 고용해 일을 늘리고, 그 결과 조직은 점점 커집니다. 반대로, 능력이 높지 않은 부장이나 과장은 조직 효율성을 높이지 못하기 때문에, 더 많은 부하 직원을 필요로 합니다. 즉, 어떤 경우든 조직은 내버려두면 무의미하게 방대해지는 경향이 있습니다.

또한, 조직에는 '피터의 법칙'도 적용됩니다. 즉, '시간이 흐름에 따라 계층 사회의 모든 직책은, 그 책임을 다할 수 없는 직원들로 채워지게 되는 경향이 있다'라는 법칙입니다.

　예를 들어, 뛰어난 영업 성과를 자랑하는 담당자는 주임으로 승진하고, 유능한 주임은 계장으로 승진합니다. 그러나 승진하는 순간 무너지는 사람도 있습니다. 바로 사람 좋다는 이유만으로 영업 성과를 냈던 사람입니다. 또한 실무 현장이라서 발휘할 수 있었던 기술·능력을 승진과 동시에 쓸 수 없게 된 사람도 마찬가지입니다. 매니지먼트나 리더십과 같은 불필요한 부담을 견디지 못하고 관리 능력 부재를 속속들이 드러내는 사람도 있습니다.

　그렇게 간신히 과장직을 버틴 사람은 총괄과장, 차장, 부장, 이사, 상무, 전무, 부사장까지 승진합니다. 즉, 자신의 능력을 발휘할 수 없을 때까지 계속해서 승진을 거듭합니다. 그 결과, 각 계층의 직책을 차지하는 것은 결국 '자신의 능력의 한계에 도달해버린 사람들'뿐인 것입니다.

　이 법칙은 계층 조직이 '승진'을 원동력 삼아 직원들의 동기부여 수단으로 삼는 한, 모든 조직에 해당하는 문제입니다.
　즉, 모든 조직은 점점 비대해지고, 무능해지는 것이지요. 자칫하면 개인의 본래 능력은 발휘되지 못한 채 매몰되고, 조직은 점점 침체됩니다.

개인 X 조직

그런데 조직의 법칙에서 개인이 벗어나는 기술이 있습니다.

바로 '창조적 무능'을 연출하는 것입니다. 자신의 능력을 충분히 발휘할 수 있는 포지션에 머물면서, 그 이상은 승진하지 않도록 하는 것입니다. 유럽과 미국에서는 부장이나 임원 승진을 거절하고 실무 현장에 남아 있으면서도 연봉과 근무 조건을 향상시키는 사례가 적지 않습니다. 자신이 하고 싶은 일을 할 수 있다는 에너지 측면에서도, 그리고 능력을 빼앗기지 않기 위한 리스크 헤지 관점에서도, 반드시 염두에 두시기를 바랍니다.

그렇다고 하더라도, 조직과 원만한 관계를 유지하며 일하고 싶은 분들도 많을 것입니다. 그런 경우, '벡터의 합'이라는 개념을 의식하는 것이 중요합니다. 즉, 회사와 '벡터의 합' 관계를 구축하는 것입니다. 회사에는 회사의 이익과 목표를 향한 방향성(벡터)이 존재합니다. 반면, 개인은 자신의 인생을 풍요롭게 만드는 방향성(벡터)을 가지고 있지요. 대부분의 경우, 이 2가지 벡터는 완전히 일치하지는 않습니다.

그렇다면, 〈자료 3〉처럼 회사와 개인의 벡터를 각각 두 변으로 하는

자료 3. 벡터의 합

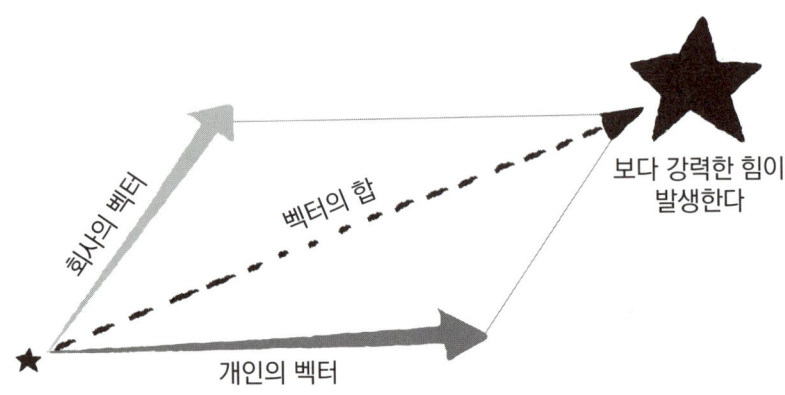

평행사변형을 떠올려봅시다. 만약 그 대각선 위에 보조선을 그린다면 어떻게 될까요? 이러한 개념을 기하학에서 '두 벡터의 합'이라고 합니다. 즉, 회사의 벡터와 개인의 벡터 중 어느 한쪽을 희생하는 것이 아니라, 양쪽의 강점을 살리는 벡터를 만들어야 합니다. 벡터의 합을 만들면 회사의 힘과 개인의 힘이 시너지 효과를 발휘하게 됩니다. 그러면 어느 한쪽이 단독으로 발휘할 때보다 더 강하게 사회를 움직일 수 있는 힘을 얻게 될 것입니다.

이러한 벡터의 합은 개인적으로 관심이 높은 주제나 사적인 요소를 업무의 일부로 포함시킬 수도 있습니다. 이렇게 하면 개인의 에너지도 최대한 끌어낼 수 있게 됩니다. 결국 회사와 개인을 대립 구도로 만들지 않는 것이 중요합니다.

다만, 개인도 변하고 회사도 변합니다. 따라서 벡터를 맞춰가는 과정은 지속적으로 이루어져야 할 필요성이 있습니다. 이것이 바로 계속해서 에너지를 얻는 비결입니다.

앞서 말했듯이, 저는 40세에 특명 신사업 담당 펠로우라는 길을 택했습니다. 당시 제가 설정한 업무상의 4가지 주제는 '교육', '간병을 중심으로 한 의료', '주택', '회사와 조직이라는 벽을 넘어 개인과 개인을 연결하는 네트워크'였습니다. 이 주제들은 회사의 이익에도 부합했기 때문에 리크루트는 이를 승인해주었지요.

이것이야말로 벡터의 합이라고 할 수 있지 않을까요?

고안하는 측,
정보를 제공하는 측에 선다

　승산이 있는 장소를 찾아 진지를 구축한다. 이를 위한 두 번째 키워드는 바로 '의식의 전환'입니다. 의식을 받아들이는 입장에서, 보내는 입장으로 대전환하는 것입니다. 앞서 언급한 '정보 처리력'과 '정보 편집력'의 차이는 〈자료 4〉처럼 나타낼 수 있습니다.

　이 자료의 세 번째 단계에 '규칙을 지켜야 하는 사람'과 '규칙을 만들어내는 사람'이 있습니다. 만약 자신의 포지셔닝을 고려했을 때, 어느 쪽을 택해야 더 풍요로운 인생으로 이어질까요? 정답은 명확합니다. 당연히 후자입니다.

　큰 인기를 얻은 만화 《드래곤 사쿠라(미타 노리후사三田 紀房 저, 한국에서는 KBS에서 〈공부의 신〉이라는 드라마로 리메이크)》에서, 교사 사쿠라기 겐지는 학생들에게 다음과 같은 말을 합니다.
　"사회의 규칙이란 모두 머리 좋은 놈들이 만들고 있다."
　'규칙을 만드는 편에 서고 싶다면 도쿄대에 들어가라. 그렇지 않으면 평생 규칙 아래에서 지배받는 쪽이 될 수밖에 없다'는 것입니다. 다소 극단적인 말이지만, 이 메시지는 본질을 꿰뚫고 있기 때문에 독자

자료 4. 의식의 전환

	정보 처리력		정보 편집력
1	회사 인간, 조직인	➡	회사 내 '개인', 조직 내 '개인'
2	게이머	➡	게임 회사
3	규칙을 지키는 사람	➡	규칙을 만들어내는 사람
4	소비자 관점	➡	자본가·경영자 관점
5	급여를 받고 작업하는 고용인	➡	자영업자 마인드로 스스로 과제를 해결하는 직업인

들의 마음을 울렸는지도 모릅니다.

전철 안에서, 아니, 승강장에서 전철을 기다리는 동안에도 온라인 게임에 열중하는 사람들을 볼 때가 있습니다. 그럴 때면 씁쓸한 기분이 듭니다. 게임 회사가 만든 게임을 그저 즐기기만 한다면, 단순히 엔터테인먼트 정보를 소비하는 데 그칩니다. 하지만 '이건 어떤 방식으로 만들어졌을까?' 하고 게임의 구조를 떠올려보며, '나라면 이렇게 해야지!'라는 의식을 가지고 플레이하면 게임 크리에이터(게임 회사)의 관점에 설 수 있습니다(자료 4의 두 번째 단계).

마찬가지로, 입시도 일종의 게임과 같습니다. 그저 주어진 문제를 푸는 것이 아니라, 목표로 하는 고등학교나 대학교의 기출문제를 분석하고, '내년 입시에서는 매번 출제되는 이 부분이 나올지도 몰라.' '최근 몇 년간 다뤄지지 않았던 주제가 나올 가능성이 있지 않을까?'라는 식으로 출제자의 의도를 추론하면서 전략적으로 공부하는 사람이 강하기 마련입니다.

우리나라 사람들의 브랜드 사랑은 예나 지금이나 변함이 없습니다. 하지만 언제까지 브랜드 제품을 사 모으기만 할 셈인가요?

게임 컬렉션을 닥치는 대로 사들이고 있다면, 단순한 소비자에 불과합니다. 그렇게까지 게임이 마음에 든다면 '이 브랜드는 틀림없이 성장할 거야'라고 생각하고 그 브랜드를 운영하는 기업의 주식을 사보면 어떨까요? 그 순간, '소비자의 관점'에서 '자본가·경영자 관점'으로 전환됩니다(자료 4의 네 번째 단계). 다시 말해, 브랜드의 오너나 경영자의 의식을 일부 공유할 수 있게 되는 것입니다. 그리고 '다음에는 이 제품 라인에 신제품이 출시되겠군', '젊은 여성들에게는 이런 방식의 마케팅이 효과적이지 않을까?' 등 게임을 설계하는 측, 즉 고안하는 측의 의식을 가질 수 있게 될 것입니다.

희소성 있는 정보를
창출하려면?

　게이머와 게임 회사, 소비자 관점과 자본가·경영자 관점. 여기서 핵심은 '정보'입니다. 정보를 단순히 받아들이기만 하는지, 아니면 정보를 창출하고 제공하는지의 차이입니다. 게이머와 소비자, 그리고 그 연장선상에 조직에서 명령한 작업을 수행하는 고용자의 모습이 있습니다. 이들은 모두 수동적인 존재입니다.

　산업사회 시절, 우리가 꾸준히 육성해온 것은 정보 처리 능력이 뛰어난 화이트칼라와 블루칼라였습니다. 그들은 즉 게이머입니다. 예를 들어, 제조회사에 취직해 공장에서 제품을 만들고, 급여를 받으며, 그 돈을 주택 담보 대출에 쏟아부어 내 집 마련을 합니다. 또한 가전제품을 사고, 자동차를 구매하며, 여행에 돈을 씁니다. 그리고 자녀를 학원에 보내기까지 하고요. 고도성장기까지는 이렇게 풍요를 누리면서 행복하게 살 수 있었습니다.

　하지만 이제 일본은 성숙 사회에 접어들었습니다. 소비만으로는 더 이상 행복해질 수 없는 시대가 도래한 것이지요. 이러한 사실을 깨달은 사람부터, 게이머에서 게임 회사로 위치를 전환하고, 정보를 창출하는 측으로 자리를 옮기고 있습니다. 이것을 조직이라는 관점에서 보면 '회사 인간, 조직인'에서 '회사 내 '개인', 조직 내 '개인''으로 전환하는 것을 의미합니다(자료 4의 첫 번째 단계).

조직 내에서, 단순히 회사 인간, 조직인으로 행동하는 것이 아니라, 회사 내 '개인', 조직 내 '개인'으로 눈을 뜨는 것. 바꿔 말하자면, 자영업자 마인드로 자신의 과제를 해결하는 직업인이 되는 것입니다.

그렇다면 오늘날, 정보는 어디에서 창출되고 있을까요? 어느 곳에 양질의 정보가 들어올까요? 이제는 신문 기자가 정보를 독점하는 시대는 끝났습니다. TV 방송국도 마찬가지지요.

정보는 어느 곳에서나 생겨나고 있습니다. 예를 들어, SNS가 있습니다. SNS는 개인이 출판사, 신문사, 방송국이 될 수 있는 도구입니다. 하지만 단순히 인스타그램에 여행지의 풍경이나 음식 사진을 올리는 것만으로는 정보를 제공한 것일 뿐, 정보를 창조한 것이라고 할 수 없습니다. 다른 사람에게 가치 있는 정보를 창출해내려면, 편집이 필요합니다. 여기서도 핵심은 '희소성'입니다.

희소성 있는 정보를 만들어내기 위한 가장 좋은 방법은 바로 자신이 희소성 있는 존재가 되는 것입니다. 즉, 여러분의 포지셔닝이 중요해집니다. '자신이 서 있는 위치가 정보 창출이라는 관점에서도 가치가 있을지?' 하는 것이지요. 수요는 많지만, 공급이 적은 장소라면 희소성은 더욱 높아집니다.

희소성은, 시급(時給) 즉, '일의 가치'를 향상시키기 위해서도 중요합니다.

 희소성이 인정되지 않는 곳에서 일하면, 그 일은 누구나 할 수 있는 일이기 때문에 가격이 깎일 수밖에 없습니다. 가격 결정권을 타인에게 맡기는 한, 시급은 오르지 않습니다. 하지만 커리어의 희소성을 높이면, 회사와 직접 거래할 수 있게 되고, 자기 일에 대한 가격을 스스로 결정할 수 있게 됩니다. 결국, 정보를 창출할 수 있는 희소성 있는 포지셔닝을 취하는 것이 중요합니다.

동료가 즐거워할 만한 장소를 찾는다

승산이 있는 장소를 찾아 진지를 구축한다. 이를 위한 세 번째 키워드는 바로 '놀이 공간'입니다. 동료들과 함께 놀 수 있는 장소, 동료들이 재미있어할 만한 장소를 찾아봅시다. 과감한 도전을 통해 포지셔닝을 생각해봐야 합니다.

사회 공헌도가 높은 미션일수록, 힘 있는 사람들이 도와줍니다. 그에 대한 제 실제 경험을 소개하겠습니다. 자세한 내용은 다음 장에서 이야기하겠지만, 저는 47세 때, 스기나미 구립 와다(和田) 중학교의 교장으로 취임했습니다. 도쿄도에서는 의무교육 역사상 첫 민간인 출신 교장이었지요. 2003년의 일이었습니다.

처음 맞이한 입학식에서 교장으로서 인사를 했을 때 다리가 어찌나 부들부들 떨렸던지요. 저는 2,000명을 대상으로 강연을 한 적도 있고, 높은 시청률을 자랑하는 TV 프로그램에 출연해도 긴장한 적이 없었는데, 이번에는 달랐습니다.

중학생들에게는 제 실적이나 경력 따위는 전혀 중요하지 않았습니다. 학부모님들에게도 마찬가지였지요. 아무것도 걸치지 않은, 있는 그대로의 저 자신이 시험대에 올라 평가받고 있었던 셈입니다. 그것은 공포 그 자체였습니다.

최초로 선출된 민간인 출신 교장으로서 언론의 화려한 조명을 받았지만, 정작 저는 무력했습니다. 과거에 쌓아온 모든 무기를 버리고 완전히 새로운 전투에 나서야 했기 때문입니다. 게다가 제가 상대해야 할 대상은 학생과 학부모뿐만이 아니었습니다. 공교육 개혁이 아무리 사회적으로 지지를 받고 있다 하더라도 학교라는 세계에서 쉽게 받아들여질 리 없었습니다. 저 혼자서 수십만 명의 교사들을 상대로 개혁에 도전해야 하는 절대적으로 불리한 싸움을 해야만 했습니다. 분명 무모한 도전이었지요.

하지만 저는 이때 한 가지 진리를 깨달았습니다. 무모한 도전일수록 사람들이 응원해준다는 것을요. 실제로 일반 시민들은 물론, 수많은 지식인들이 앞다투어 도움의 손길을 내밀어주었습니다. 시인 다니카와 슌타로(谷川 俊太郎) 선생님은 아들 겐사쿠(賢作) 씨와 함께 직접 수업을 해주셨고, 노벨 물리학상 수상자 고시바 마사토시(小柴 昌俊) 도쿄대 특별 명예교수님도 수상 직후 가장 바쁜 시기에 가장 먼저 저와 대담을 나눠주셨습니다.

그 밖에도, 저널리스트 사쿠라이 요시코(櫻井 よしこ) 씨, 작가 하야시 마리코(林 真理子) 씨, 고고학자 요시무라 사쿠지(吉村 作治) 씨 등 많은 분들이 다양한 방식으로 저를 지원해주셨습니다. 물론, '공교육 개혁'이라는 대의명분이 컸다는 점도 분명합니다.

하지만 그것만으로 이분들이 움직이지는 않았을 것입니다. 압도적으로 불리한 상황에 홀로 도전하는, 잘 알지는 못하지만 에너지가 넘치는 한 사람이 있다. 그래서 응원하고 싶어진 것일 것입니다.

이렇게 해서 와다 중학교에서는 다양한 개혁이 이루어졌고, 그 성과는 확실하게 결실을 보았습니다. 가장 큰 요인은 많은 분들이 저를 도와주셨기 때문입니다. 대의가 있다면, 무모한 일일지라도 도전해봅시다. 그리고 그 도전이 무모하면 무모할수록, 그것을 응원해주는 사람이 나타날 것입니다. 사실, 생각 외로 많은 사람들이 무언가를 하고 싶어 합니다. 따라서 그들이 참여할 수 있는 장을 마련해봅시다. 또한, 동료들이 재미있다고 느낄 만한 장소를 찾고, 여러분이 먼저 솔선수범해서 그곳에 뛰어들어봅시다. 그러면 반드시 응원해주시는 분들이 나타날 것입니다.

이러한 경험 이후, 저는 '반드시 내 편이 되어줄 사람이 나타날 것'이라는 신념을 가지고 여러 분야에서 투쟁해보기로 결심했습니다. 그래서 저의 '자리 잡기'는 과감한 것들이 많았습니다. 자세한 내용은 CHAPTER 5에서 이야기하겠지만, 예를 들면, 건축가 구마 겐고(隈 硏吾) 씨와 함께 진행한 나라 시립 이치조(一條) 고등학교 강당 재건 프로젝트, 후지산에 철도를 놓는 프로젝트의 응원단장 등 모두 유일무이한 프로젝트들뿐이었습니다.

중요한 것은 사람들이 '재미있다고 느낄 수 있는지?'라는 관점입니다. 다시 말하자면 '놀이의 요소가 있는지?'입니다.

사람들이 각자의 위치에서 협력할 수 있고, 사회 공헌도도 높으며, 무엇보다도 재미있을 것 같은 일. 이러한 생각을 들게 하는, '놀이처럼 참여하며 공헌할 수 있는' 시스템은 훨씬 더 많은 협력자를 끌어들일 수 있습니다. 또한, 많은 사람을 끌어들이는 또 하나의 포인트, '자신의 약점을 보여주는 것'에 대해서는 CHAPTER 5에서 설명하도록 하겠습니다.

의식적으로
환경을 바꾼다

승산이 있는 장소를 찾아 진지를 구축한다. 이를 위한 네 번째 키워드는 바로 '환경'입니다. 저는 '환경과 경험만이 사람을 변화시킬 수 있다'고 믿습니다.

자신이 속한 환경을 바꾸면, 세상을 바라보는 시각이 변합니다. 또한, 자신의 복장을 바꾸면, 주변 사람들이 자신을 대하는 방식이 변하고, 결국 자신도 변화하게 되지요. 세상을 바라보는 시각이 바뀌면, 인생의 모드가 바뀌고, 커뮤니케이션 방식도 변합니다. 인생의 풍요로움은 대화로 결정됩니다. 따라서 커뮤니케이션을 바꾼다는 것은 곧 인생을 바꾸는 것이기도 합니다. 결국, 환경을 바꾸는 것은 매우 커다란 의미를 가집니다.

예를 들어, 주말마다 아타미(熱海)*에서 지내는 생활을 시작하는 것만으로도 인생은 충분히 달라질 수 있습니다. 제 경우는 프랑스 파리였습니다. 저는 37세 때부터 2년간 리크루트의 주재원으로서 유럽에

---

* 온천으로 유명한 일본의 휴양지

머물렀습니다. 그리고 이때의 경험으로 제 인생은 크게 변화했습니다. 하지만 처음부터 확신이 있었던 것은 아닙니다. 솔직히 말하자면 저는 도망친 것이었습니다. 그 당시 저는 40세 이후에는 무엇을 주제로 어떤 인생을 살아가야 할지 고민하고 있었습니다. 롤모델도 없었고, 구체적인 이미지도 떠오르지 않아 혼란스러운 상태였지요.

말 그대로, 제 포지셔닝에 대해 고민하고 있었습니다. 그래서 환경을 바꿔보기로 결심했고, 파리로 도망쳤던 것입니다.

사실 저는 리크루트에 입사하자마자 톱 영업사원이 되었고, 승승장구하며 승진을 거듭했습니다. 홍보과장과 조사과장 등을 거쳐, 30대 초반에는 도쿄 영업 총괄부장이 되었습니다.

그 후에는 전문직으로 직군을 변경해 출판사 설립에도 참여했습니다. 이를 위해 수많은 조사를 거듭하다 보니 일본 사회가 어디로 향하고 있는지 어렴풋이 보이기 시작했습니다.

제가 생각한 일본 사회의 미래는 바로 '성숙 사회'였습니다. 다양한 가치관을 가진 개개인이 각자의 삶을 추구하는 시대가 올 것이라고 예측했습니다.

하지만 '내가 나아가야 할 방향'에 대한 확신은 갖지 못한 채 점점 초조해지기 시작했지요. 결국 제가 취한 행동은 회사와 직접 타진해 유럽으로 떠나는 것이었습니다. 명목은 이미 성숙 사회를 맞이한 유럽에서 새로운 사업 힌트를 찾겠다는 것이었지요. 사실상, 제가 그동안 쌓아온 경력과 지위를 모두 내려놓는 큰 도전이었습니다. 하지만 때로는 과감하게 도망쳐보는 것도 나쁘지 않습니다. 예상치 못한 것들을 손에 넣을 수도 있기 때문입니다.

예술적인
생활 방식

유럽행은 정말 무모한 도전이었습니다. 사실 저는 영어를 유창하게 하지 못했고, 애초에 유럽에서 리크루트는 전혀 알려지지 않은 회사였습니다. 그야말로 확실한 것 하나 없이, 맨땅에 헤딩하는 셈이었습니다. 모든 것을 제로에서 시작해야 했지요.

저는 영국 런던에서 1년 1개월, 프랑스 파리에서 1년 3개월을 지냈습니다. 그 결과, 저는 인생의 중심적인 가치에 대해 확신을 가지게 되었습니다.

유럽은 일본보다 한발 앞서 성숙 사회에 도달했습니다. 하지만 일본의 고도성장기처럼 '모두가 함께 움직이는' 사회는 아니었습니다. 일본에서는 '단카이 세대(団塊の世代)*'의 왕성한 소비 활동이 주목받고 있었지만, 유럽에서는 사람들이 집단으로 활동하지 않고, '각각 독립적인 상태'로 존재하고 있었습니다. 위아래도, 앞뒤로도, 좌우로도, 대각선으로도 다양하게 말이지요.

* 일본에서 제2차 세계 대전 이후 1947~1949년 사이에 베이비붐으로 태어난 세대

저는 파리에서 자신의 생활을 즐기며 인생을 풍요롭게 살아가려는 사람들의 진지한 모습을 가까이에서 지켜볼 수 있었습니다. 이를 통해 국가나 산업사회보다도 자신의 인생과 주변 사람들과의 관계를 더욱 중요하게 생각하는 프랑스식 생활신조를 피부로 느낄 수 있었습니다.

이것을 상징하는 단어가 'Art de Vivre(아르 드 비브르)'입니다. 의역하자면, '사람과 사람 사이의 관계를 잇는 커뮤니케이션 수단으로써의 예술적 생활 방식'이라고 할 수 있을까요? 하지만 '아르 드 비브르란, ○○이다'라고 정해진 답은 없습니다. 각자가 자유롭게 생각하고 해석하며 시행착오를 거쳐 찾는 것입니다. 따라서 부부가 서로 다른 가치관을 가지는 것은 당연한 일입니다. 여성이 지나갈 때 길을 비켜주거나, 상대방의 옷차림과 헤어 스타일을 칭찬하는 것도 '아르 드 비브르'입니다. 맛있는 식사를 위해 테이블보를 신중히 고르는 행위 역시 마찬가지지요. 만원 전철을 그냥 보내고 다음 전철에서 앉아가는 것도 어제와 똑같은 하루를 반복하지 않았다는 의미에서 '아르 드 비브르'입니다.

즉, 일상생활 속에서 소소한 기쁨을 발견하고, 다른 사람과의 커뮤니케이션을 즐기는 것이야말로 '아르 드 비브르'입니다. 실제로 프랑스인들은 대화를 소중히 여기고, 식사를 중요하게 생각하며, 그러한 것들을 공유하는 시간 자체를 소중히 여깁니다. 결국, 행복의 본질은 일상의 사소한 순간에 있다는 것이지요. 저는 이러한 프랑스인들의 삶의 방식에 깊은 감명을 받았습니다.

그렇다면, 우리의 인생관에서 중심적인 가치는 무엇일까요? 파리에서 생활하는 동안 이 질문에 대해 깊이 고찰한 저는 결국 하나의 가설을 세웠습니다. 그것은 바로 '능숙하게 살아가는 것', 조금 더 직설적으로 말하면, '무난하게 세상을 살아가는 처세술'입니다.

우리는 자신을 삶의 주인공 삼아 살아가기보다, 다른 사람의 시선을 의식하는 경향이 강합니다. 그리고 변화에 적절히 적응해 이득을 취하는 것에 가치를 두는 사회가 아닐까요? 앞서, 일본인들의 종교관은 '현세 이익'에 초점이 맞춰져 있다고 말씀드렸습니다. 일본 근대사를 통해 볼 수 있는 일본인들의 전형적인 인생관은 이렇듯, 슬플 정도로 합리적인 상업 감각이 강했음을 알 수 있습니다.

'정답'이 없는 사회에서 살아가기 위해서는?

왜 프랑스인들은 인간과 인간 사이를 연결해주는 커뮤니케이션을 그렇게나 중요하게 여기는 것일까요? 저는 그 배경에 철학이 있다고 느꼈습니다.

프랑스인들에게는 '인간은 태어나서 죽음을 맞이할 때까지 결국 서로를 완전히 이해할 수는 없다'라고 하는 절대적 고독을 전제로 한 인간관이 있습니다. 그렇기 때문에 '어떻게 하면 서로 이해할 수 없는 사람들이 함께 행복하게 살아갈 수 있을지'에 대해 관심을 갖는 것이지요. 맛있는 식사나 지적인 대화, 사람들이 행복을 공유하는 시간을 소중히 여기기 등 일상 속에서 이러한 방법들을 끊임없이 모색하고 있습니다. 이것이야말로 성숙한 사회의 밑바탕에 흐르는 기본적인 의식이 아닐까요?

한편, 과거의 일본처럼 사회적으로 획일화된 가치관은 편리하고 안락합니다. 깊이 생각할 필요 없이, 세상이 '정답'이라고 인정한 가치관을 받아들이고, 그것을 향해 나아가기만 하면 되기 때문입니다. 하지만 성숙 사회에서는 그러한 가치관도, 정형화된 행동도 통하지 않습니다. 모두가 하나의 목표를 좇더라도 모든 사람들이 그것을 손에 넣을 수는 없습니다. 설령 손에 넣더라도 모두가 함께 행복을 누릴 것이라는 보장은 없습니다.

즉, 우리의 눈앞에는, 모두에게 약속된 행복이라는 일반적인 정답은 존재하지 않는 셈입니다. 저 사람을 따라가면 괜찮을 것이라는 롤모델도 없습니다. 이러한 시대에 행복해지려면, '무엇이 행복인지'를 자신 스스로 정의해야 합니다. 그런데도 오늘날의 일본인들은 여전히 '정답 같아 보이는' 모델을 따라가고 있습니다. 그래서 불안이 점점 커져만 가는 것입니다.

제가 유럽에 머물렀던 1990년대 초반, 일본은 버블 경제는 이미 붕괴한 상태였지만, 전반적인 경제 상황은 지금처럼 심각하지는 않았습니다. 일본인의 가치관도 흔들리지 않았지요. 하지만 성숙 사회는 서서히 다가오고 있었습니다. '사람들 개개인'의 시대가 점점 깊어지고 있었던 것입니다. 그리고 많은 사람들이 '의지할 곳'을 찾기 시작했습니다.

그러한 현상이 극명하게 드러난 곳이 있습니다. 바로 SNS입니다. 전 세계적으로 봤을 때, 대부분의 사람들이 스마트폰을 손에서 놓지 못한 채 계속해서 만지작거리는 나라는 일본뿐일지도 모릅니다. 그만큼 일본인들은 외롭고 불안한 것이지요. 혼자가 되는 것에 대한 두려움이 크기 때문에, 누군가와 연결되고 싶다는 감정이 더욱 강하게 솟아나는 것입니다.

일본인들이 갖고 있는 불안감을 잘 보여주는 사례로, 브랜드 신앙이 있습니다. 에르메스를 가지고 있다. 구찌를 가지고 있다. 이는 특정한 가치를 공유하는 동료, 즉 커뮤니티에 참여할 수 있는 자격이 됩니다. 그렇게 함으로써 안도감을 얻게 되는 것이지요.

저는 브랜드를 가리켜 '제복'이라고 부릅니다. 그것을 갖고 있으면 같은 동료라고 인정받을 수 있는 명확한 아이콘이기 때문입니다. 유럽에서는 고독에 대한 불안을 종교가 완화해줍니다. 반면, 일본에서는 종교가 담당하는 역할을 SNS와 브랜드가 대신하고 있는지도 모릅니다. 이러한 행동을 나쁘다고 생각하지는 않지만, 스스로 자각할 필요성은 있습니다. 왜 우리는 SNS에 빠지고, 브랜드에 열광하는지, 그 이유를 스스로 인식해보도록 합시다.

나라(奈良)에서 하이엔드 빙수 기계가 탄생한 이유

저는 파리에서 철학을 만났습니다. 이처럼 과감하게 해외로 나가는 것은 인생을 크게 변화시키고, 자신의 포지션을 발견하는 하나의 기회가 됩니다. 물론, 국내에서도 특별한 무언가를 만날 수도 있습니다. 그 지역만의 고유한 가치를 깨닫게 되면, 흥미로운 '장소나 포지션'이 보이기도 합니다. 여기에 대한 한 가지 좋은 예시가 있습니다. 바로 나라(奈良)에서 탄생한, 한 대에 350만 엔이나 하는 빙수 기계입니다.

최근 일본에서는 빙수 붐이 일어나고 있습니다. 그 배경에는 얼음을 사각사각 깎을 수 있는 하드웨어적 기술 혁신과 빙수에 곁들이는 토핑이 다양해졌다고 하는 소프트웨어적 발전이 있습니다. 그런 흐름 속에서 2020년 가을, '빙수계의 페라리'라고 불리는 기계 'Himuro'가 탄생했습니다. 기계 1대의 가격은 350만 엔(부가세 별도)으로, 우리의 상식을 뛰어넘는 초고가 하이엔드(고품격) 머신이지요. 이 기계의 발상지는 나라(奈良)입니다. 그 이유는 단순합니다.

나라의 대표적인 사찰인 도다이지(東大寺) 정문 앞에는 '히무로(氷室)신사'라고 하는 '얼음의 신'을 모시는 신사가 있는데, 이곳에서는 얼음

기둥을 바치는 '헌빙제(獻氷祭)'가 열리고는 합니다. 이처럼 나라는 빙수의 성지이기 때문입니다.

약 1300년 전, 나라(奈良)에는 쇼무 천황(聖武天皇)에게 바칠 음식을 얼음을 사용해 보존하는 빙실(氷室)이 존재했습니다. 그 당시에 이미 얼음은 상품으로 판매되고 있었던 것입니다. 세이쇼나곤(清少納言, 일본 헤이안 시대의 여성 작가이자 가인)은 '마쿠라노소시(枕草子, 베갯머리 서책)'에서 '귀한 것(중략), 깎은 얼음에 감로(담쟁이덩굴 수액을 끓여 만든 단맛이 나는 시럽)를 부어, 금으로 만든 새 그릇에 담은 것(이케다 기칸(池田亀鑑) 교정 '마쿠라노소시' 이와나미 문고)'이라고 표현하고 있습니다. 'Himuro'를 개발한 우에다 마사루(上田 勝) 씨(현 스튜어트 대표이사)는 학원을 운영하던 분으로, 제조업에 종사한 경험은 전혀 없었습니다.

2016년 봄, 저는 나라 시립 이치조 고등학교의 교장으로 부임했습니다(자세한 내용은 다음 장에서 설명하겠습니다). 저는 부임 전에 이치조 고등학교가 어떤 위치에 속해 있으며, 어떠한 평가를 받고 있는지 알고 싶어 나라 시내의 여러 학원을 직접 방문해 많은 사람들과 이야기를 나누었습니다. 우에다 씨는 그중 한 사람이었지요. 그런데 우에다 씨의 이야기는 거기서 끝나지 않았습니다. 그는 학창 시절 레코드 대여점을 창업해 큰 성공을 거두었고, 그다음으로 시작한 사업이 학원 운영이었습니다. 넓은 인맥과 발 빠른 행동력을 지닌 분이었지요.

빙수 기계 개발에 관한 아이디어는 어느 술자리에서 탄생했습니다. 저는 우에다 씨에게 창업한 지 150년도 더 된 나라 시의 인쇄 회사 '메이신샤(明新社)'의 사장이자, 나라 시 관광협회 회장인 이누이 마사히로(乾 昌弘) 씨를 소개했습니다. 그런데 알고 보니 이 두 사람, 같은 해, 같은 달에 태어난 동갑내기였지 뭔가요. 이 사실을 계기로 두 사람은 의기투합했습니다. 그리고 술자리 중에 나온 '빙수의 발상지는 나라다'라는 한마디에서 단숨에 프로젝트가 진행되기 시작했고, 결국 'Himuro' 개발이라는 열매를 맺게 된 것입니다.

지역의 유래(이야기)는 이런 기적을 만들어냅니다. 장소를 의식하고, 장소를 바꾸면, 무언가 신기한 일이 일어나게 되는 것입니다.

'커리어의 대삼각형'을 만들다

    승산이 있는 장소를 찾아 진지를 구축한다. 이를 위한 다섯 번째 키워드는 바로 '커리어의 대삼각형'입니다. 이것은 자신을 희소성이 높은, 특별한 존재로 만드는 방법입니다.

    특별한 존재라고 해서 지금부터 올림픽 메달리스트를 목표로 할 필요는 없습니다. 예를 들어, 어떤 종목의 선수가 100만 명 있다고 하면, 메달리스트가 되려면 99만 9,997명을 쓰러트려야만 합니다. 하지만 그렇게 하지 않아도 여러분은 올림픽 메달리스트급, 즉 100만 명 중 단 하나뿐인 존재가 될 수 있습니다.

    앞서, 1만 시간을 투자해 노력하면 누구나 그 일을 마스터할 수 있다고 언급했습니다. 그렇게 하면 해당 분야에서 100분의 일이라는 희소성을 가지게 됩니다. 1만 시간은 5~10년간의 연습량(이 역시 앞에서 설명한 바 있습니다)을 필요로 합니다. 예를 들어, 5~10년 동안 집중적으로 영업 일을 했다면 영업을 잘할 수 있다는 의미에서 100명 중 1명 있을까 말까 한 존재가 되는 것이지요.

    그러한 경험을 여러 번 하면 어떻게 될까요? 3가지 커리어를 각각 5~10년씩 경험했다고 가정해보겠습니다. 한 가지 커리어나 스킬을 마스터하면 100명 중 유일무이한 특별한 존재가 됩니다. 그렇다면 3가지 커리어나 스킬을 조합하면 1/100 × 1/100 × 1/100 = 1/1,000,000 즉, 100만 명 중 1명 있을까 말까 한 희소성을 가지게 됩니다.

이것은 올림픽 메달리스트급의 희소성과 같습니다. 같은 세대 중에서도 손에 꼽을 만한 존재가 되므로, 경쟁력이 비약적으로 높아지고, 시급도 급상승할 것입니다. 이러한 존재가 되기 위한 구체적인 방법이 바로 '커리어의 대삼각형'입니다.

'커리어의 대삼각형'은 〈자료 5〉와 같이 만듭니다.
먼저, 20대에는 첫 번째 발판을 만듭니다. 5~10년 동안 삼각형의 시작점이 되는 '왼쪽 지지축'을 단단히 다지는 것이 중요합니다. 예를 들자면 농구에서 피벗(선수가 한 발을 축으로 사용해 몸을 회전시키고 다른 발로 방향을 바꾸어 수비를 제치는 동작) 플레이를 할 때, 지지축이 되는 다리와 같은 개념입니다.

직종은 상관없습니다. 영업이든, 회계든, IT든 다 좋습니다. 일단 지속적으로 할 수 있는 일을 마스터합시다. 그 과정에서 상사 운이 안 좋을 수도 있고, 이직을 반복할 수도 있습니다. 하지만 한 가지 일을 1만 시간 지속하면 1단계를 클리어한 셈입니다. 즉, 여러분은 100명 중 단 하나뿐인 존재가 된 것입니다.

자료 5. '커리어의 대삼각형' 만들기

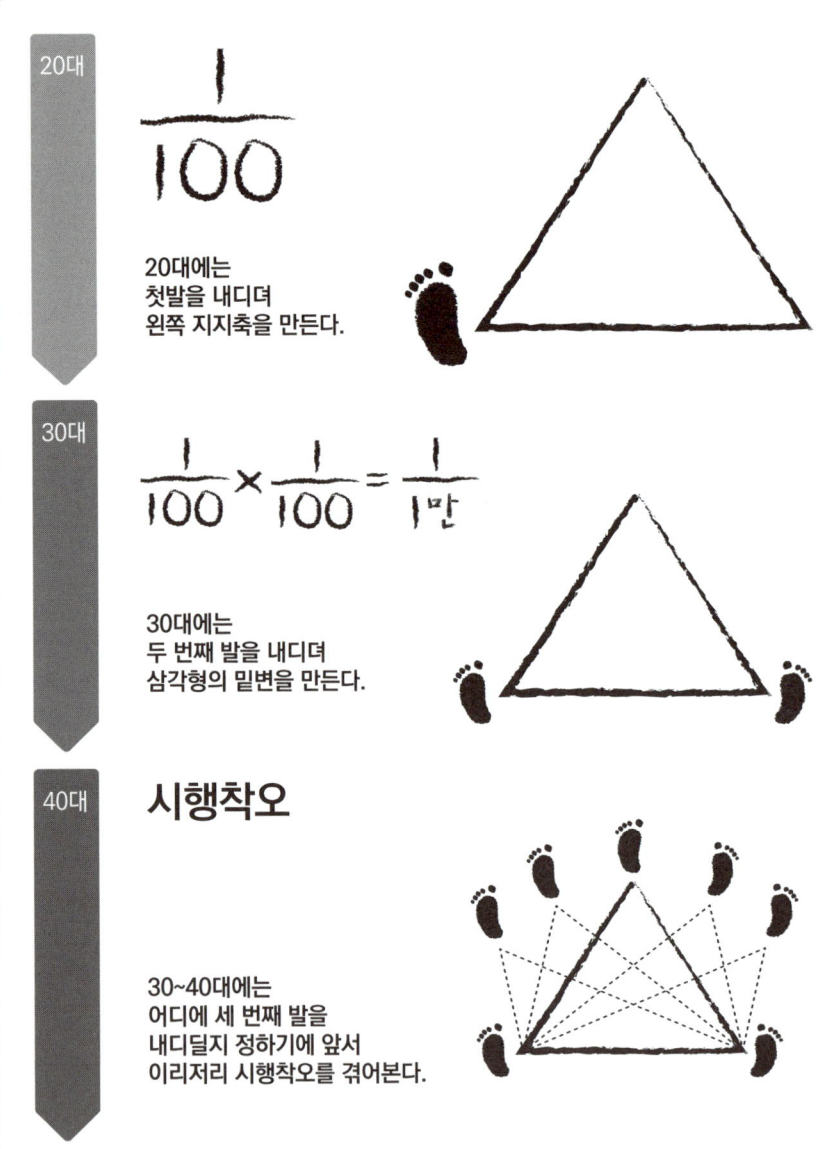

40대

$$\frac{1}{100} \times \frac{1}{100} \times \frac{1}{100} = \frac{1}{100만}$$

40대에는
세 번째 발을 내디뎌
'커리어의 대삼각형'을 만든다.
※면적 = 희소성

커리어의 대삼각형

50대

3D화(입체화)

50~60대에는
'커리어의 대삼각형'을
밑변으로 삼아 3D화(입체화)를 꾀한다.

완성형(삼각뿔)

인생의 자유도
(여유)

보수(報酬)

자신의 '그릇'을 완성시킨다
※부피 = 다른 사람에게서 받은 '신임'의 총량

CHAPTER 2. 승산이 있는 장소를 찾아 진지를 구축한다

30대에는 두 번째 발을 내디뎌봅시다. 또다시 5~10년을 들여 '오른쪽 지지 축'을 단단히 다지면, 삼각형의 밑변이 만들어집니다. 예를 들어, 이미 영업 업무를 마스터했다면, 다음으로는 홍보·광고 업무로 옮기거나, IT 업무를 경험했다면 다음에는 마케팅 업무로 옮겨 기존의 IT 스킬을 활용해보는 것도 좋을 것입니다. 이 단계에서도 100명 중 1명 있을까 말까 한 존재가 된다면, 여러분은 이미 1만 명 중 단 한 명뿐이라는 희소성을 얻은 것과 다름없습니다.

40대, 세 번째 발을 내디딜 때는 또다시 1만 시간을 들여 삼각형의 꼭짓점을 만들어나갑니다. 삼각형의 꼭짓점이 완성되면 지금까지 선에 불과했던 것들이 면으로 바뀌게 됩니다. 이로써 '커리어의 대삼각형'이 완성되고, 이제 여러분은 100만 명 중 단 하나뿐인 존재가 됩니다. 그러면 회사 내에서도, 이직 시장에서도, 여러분의 희소성은 최강의 무기가 될 것입니다.

50~60대에 만드는 '완성형(삼각뿔)'에 대해서는 CHAPTER 4에서 설명하도록 하겠습니다.

세 번째 발은
크게 내딛자

　'커리어의 대삼각형'을 만들 때 염두에 두었으면 하는 것이 있습니다. 바로, 삼각형의 면적을 얼마나 넓힐 수 있을지입니다. 왜냐하면, 삼각형의 면적이 곧 희소성의 크기를 결정하기 때문이지요. 예를 들어, 영업(첫 번째 발걸음)과 광고·홍보(두 번째 발걸음)를 경험한 후, 세 번째로 마케팅에 발을 내디디더라도 희소성은 생기지 않습니다. 왜냐하면 두 번째와 세 번째가 너무 가깝기 때문입니다. 전혀 다른 분야를 조합해야 희소성이 생겨납니다.

　따라서, 세 번째 발을 조합할 때는 '!(느낌표)'를 의식하도록 합시다. 즉, 사람들이 전혀 예상치 못한 서프라이즈, 놀라움이 필요합니다. 평범한 조합을 하면 아무도 주목하지 않습니다. 포인트는 조합의 '묘미'에 있습니다. 〈자료 6〉에 여러 가지 사례를 제시했습니다. 어떠신가요? 이러한 커리어를 가진 사람이라면, 적어도 한 번쯤은 이야기를 들어보고 싶어지지 않을까요?

　그런데 20대, 30대의 발판에 집착한 나머지 세 번째 발을 크게 내딛기를 주저하는 사람이 생각보다 많습니다. 그렇게 되면, 삼각형의

자료 6. 커리어 조합 예시

※ 밑줄 친 것은 실존 인물 및 조직 (존칭 생략)

〈수퍼 커리어, 유일무이한 존재라는 강점〉
- 도쿄대 수석 졸업 × 사법고시 합격 × 국가공무원 1종 시험 합격 – 야마구치 마유(山口 真由)
- 파일럿 × 배우 × 교사 – 구가 히데노리(久我 秀徳)
- J리거(일본 프로축구 선수) × 교사 – 나카노 케이(中野 圭)
- 덴쓰(電通: 일본 최대 광고회사) 카피라이터 × 보험 영업사원 × 배우 – 아시나 유스케(芦名 佑介)

〈이것이 있으면 본업에 큰 플러스〉
- 모험가 × 의사 – 세키노 요시하루(関野 吉晴) ※ 개발도상국이나 미지의 지역에서는 의사가 매우 귀중함
- 호텔리어 × 통역 안내사 ※ 영어, 중국어, 한국어
- 보육교사 × 관리 영양사 ※ 유아 대상 식생활 교육 실천
- 출판사·편집 × 영업 & 홍보 ※ 저자에게 '제작'부터 '판매'까지 일괄적으로 제안
- 컨설턴트 × 심리 상담사 ※ 조직은 물론 개인까지 컨설팅 가능

〈앞으로 필요한 W(더블) 커리어·능력〉
- 학사(자연과학[수학]) × 석사(경제학) ※ 금융공학 스페셜리스트
- 의사 × 약사 ※ 세계적인 수준의 의약품 개발
- 회계 지식 × 프로그래밍 ※ 회계 시스템 구축 및 유지보수 업무 수주
- 백화점 외판 영업(*백화점 외판부 직원이 VIP 고객을 직접 방문해서 판매) × 투자 신탁 ※ 부유층 대상 접근 가능
- 지방(거주) × 도시(유통) ※ '이로도리' 사의 잎사귀 비즈니스(일본 산골 마을에 사는 고령자가 채집, 선별한 생선회 장식용 잎사귀를 도시의 음식점에 판매하는 비즈니스)

〈이종(異種) '격투전'〉
- 농부 × DJ – 고마가타 히로노부(駒形 宏伸)
- 학자 × 어부 – 혼도 야스시(本藤 靖)
- 회전초밥집 점장 × 교사 – 사카모토 요시아키(坂本 良晶)
- 헤비메탈 밴드 '세이키마츠(聖飢魔Ⅱ)'의 드러머 × 보험 영업사원
  – 후루카와 토오루(古川 徹)

〈전 직업의 기술·인맥을 활용해 실적을 올린 사례〉
- 은행원 × 승려(쓰키지 혼간지築地本願寺 종무장(총무 스님))
  – 야스나가 유겐(安永 雄玄)
- 전력회사 영업사원 × 대학 육상 경기부 감독 – 하라 스스무(原 晋)
- 배우 × 매니저 – 가시와바라 다카시(柏原 崇)

〈화려하고 독특한 스텝업〉
- 고등학교 중퇴 → 파칭코 가게 점장 → 창업 - 구마가이 마사토시(熊谷 正寿)
- 고등학교 중퇴 → 바이크 영업왕 → IT 기업 인사본부장 - 오노 유타(小野 雄太)
- 패션잡지 모델 → 카리스마 판매 직원 → 보험 영업사원 - 오가와 야스노리(小川 泰紀)

〈업계 지식을 활용해서 수익 창출〉
- 미용사 × 일러스트레이터 - TAKUO
- AV 여배우 × 만화가 - 미네 나유카(峰 なゆか)
- 간호조무사 × 만화가 - 노무라 치사(野村 知紗)

〈2가지 일을 병행〉
- 제조업체 임원 × 작가 - 우에다 겐지(上田 健次)
- 의사 × 격투가 - 이케이 유스케(池井 佑丞)
- 의사 × 패션 디자이너 - Dr. 마야야(오리이 마야야 折居 麻綾)
- 승려 × 선술집 오너 - 시오도메 아쓰히토(潮留 淳仁)
- 승려 × 세무사 - 가와무라 쇼엔(河村 照円)
- 다도 전문가 × 프로 스케이터 - 구마노 소칸(熊野 宗寛)
- 작곡가·피아니스트 × 증권맨 - D flat
- 개그맨 × 청소부(쓰레기 수거) - 다키자와 슈이치 滝沢 秀一(머신건즈)

〈아르바이트 감각으로 부업〉
- 루트 영업사원 × 주말·해외 관광객 대상 개인택시 운전사
- 국어 교사 × 도서 교열자
- 체육 교사 × 수영 강사

〈취미의 연장선상으로 시작〉
- 전 상사맨(마루베니) → 라멘 가게 사장 - 후지오카 도모하루(藤岡 智春)
- 전 신문 기자 → 유적지 가이드
- 전 체육 교사 → 다이빙 강사
- 전 외식업 종사자 → 음식점 경영

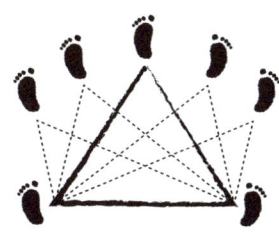

높이를 충분히 확보하지 못해 면적이 작아지고, 희소성 또한 약해지게 됩니다. 따라서 두 차례 1만 시간씩 투자해 밑변을 만든 다음에는 세 번째 발을 어디에 내디딜지 신중히 생각하도록 합시다. 30대에서 40대로 넘어가는 시기에는 '이쪽일지, 아니면 저쪽일지' 갈팡질팡해도 괜찮습니다. 시행착오를 겪어도 괜찮고요.

저는 37~47세까지 시행착오를 거듭 반복했습니다. 앞서 언급했듯이 유럽행을 택한 것도 그 일환이었지요. 40세에 회사를 그만두고 '펠로우'라는 새로운 직위를 회사에 제안한 일도 마찬가지였고요. 22세에 리크루트에 입사한 저는 5년 동안 영업과 프레젠테이션 기술을 갈고닦았습니다. 그리고 각각의 분야 모두 1만 시간을 달성했지요. 덕분에 왼쪽 지지 축을 견고하게 다질 수 있었습니다.

'영업과 프레젠테이션'이라는 분야에 있어서는 당장 다른 회사로 이직해도 충분히 통할 정도의 실력을 갖췄고, 기본적인 생활비를 벌 수 있는 라이프 라인(생활 기반)을 확보한 셈입니다. 그다음으로 27~37세까지 10년에 걸쳐 리크루트 식 '매니지먼트'를 마스터했습니다. 직책으로는 따지자면 과장 대리부터 영업 총괄부장까지 맡았지요. 이로써 오른쪽 지지가 완성되어 삼각형의 밑변을 만들 수 있었습니다.

이처럼 '영업과 프레젠테이션' X '매니지먼트'의 조합으로 1만 명 중 유일무이한 희소성을 확보하게 되었습니다. 어떠한 업계에 가더라도 '영업과 프레젠테이션' X '매니지먼트'로 승부할 수 있고, 컴퓨터든 화장품이든 종류에 상관없이 그 무엇이라도 판매할 수 있는 기술을 갖췄다고 할 수 있습니다. 즉, 영업과장이나 영업부장으로서 '취업 경쟁력'이 향상된 셈이지요.

하지만 같은 자리에 머무르기만 해서는 안 됩니다. '영업과 프레젠테이션' X '매니지먼트'를 마스터한 후배(인재)들이 계속해서 등장해, 모처럼 어렵게 얻은 희소성이 점차 사라지게 되기 때문입니다. 그래서 저는 세 번째 화살을 쏘기로 결심했습니다. 물론 몇 년 동안은 시행착오를 겪었습니다. 무엇으로 삼각형의 꼭짓점을 만들지 수 차례 시도와 실패를 반복한 것입니다.

예를 들어, '간병을 중심으로 한 의료'에 관한 분야로 'J+care'라는 회사를 창업했습니다. 또한, '주택' 관련 분야로 협동조합 주택을 다루는 회사에 자본금을 투자하고 비상임 이사로 참여하기도 했습니다. '이쪽일지, 저쪽일지' 끊임없이 모색하고 도전한 끝에, 47세에 일본 도쿄도에서 의무교육 역사상 첫 민간인 출신 교장직을 받아들이는 결단을 내리게 되었습니다. 그 이전까지의 커리어와는 전혀 관계없는 터무니 없는 도전이었지만, 그 덕분에 삼각형의 높이를 단숨에 끌어올릴 수 있었습니다.

실제로 저는 임기 5년 동안 1만 시간이 넘는 현장 경험을 쌓으며, 100명 중 1명 있을까 말까 한 교장이 되었습니다.
그리고 '영업과 프레젠테이션' X '매니지먼트' X '교장 선생님'이라는 조합으로 100만 명 중 단 1명밖에 없는 희소성을 달성하게 되었습니다. 이 경험을 발판 삼아 '교육 개혁 실천가'라는 저만의 새로운 길이 열리게 되었습니다. 제 나이 52세 때의 일이었습니다.

반드시 승리하는 프레젠테이션 기술

여기서 제가 터득한 프레젠테이션의 핵심을 소개하고자 합니다.

먼저, 설명과 프레젠테이션은 전혀 다릅니다. 설명은 자신의 머릿속에 있는 내용을 일방적으로 해설하는 행위입니다(자료 7). 반면 프레젠테이션은 상대방의 머릿속에 존재하는 '영상실'에 이미지를 비추고 공유하는 행위지요. 즉, 자신이 생각하는 것을 단순히 해설하는 것은 설명에 불과할 뿐, 프레젠테이션이라고 할 수 없습니다. 이 원칙은 1:1 프레젠테이션이든, 대규모 인원을 대상으로 한 프레젠테이션이든 변함이 없습니다. 중요한 것은 상대방의 머릿속에 어떤 이미지가 만들어졌는지입니다.

상대방의 머릿속에 이미지를 떠올리게 하려면 다음과 같은 요소들이 필요합니다.

- 상대방과의 공통점을 찾는다
- 상대방의 말투를 배운다
- 상대방의 세계관을 경청한다
- 상대방의 인생관을 존중한다

자료 7. 설명과 프레젠테이션의 차이

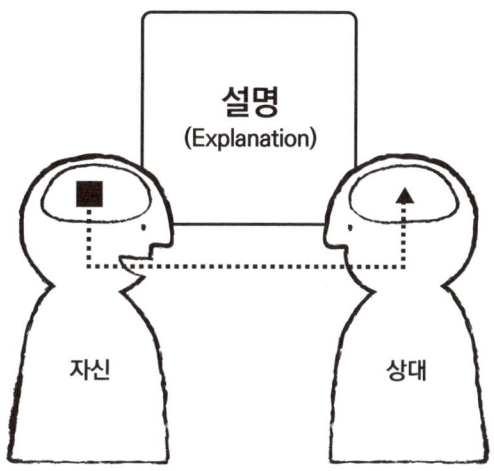

자신의 머릿속에 있는 것을
일방적으로 해설하는 행위

상대의 머릿속에 존재하는 영상실에
이미지를 비추고 공유하는 행위

- 상대방의 동기부여 요소를 파악한다

결국, 중요한 것은 상대방에 대해 아는 것입니다.

사람이 무언가를 납득하는 데는 전제조건이 있습니다. 바로 그것이 자신의 세계관 안에 있어야 한다는 것입니다. 반대로 말하면, 우리가 상대방의 세계관에 없는 것에 대해 아무리 설명해봤자, 상대는 좀처럼 받아들이지 못합니다. 따라서 상대방에 대한 이해 없이, 자기 생각이나 아이디어를 일방적으로 프레젠테이션해도 상대방의 머릿속에 들어가지 않습니다.

그렇다면 상대방에 대해 알고 이해하려면 어떻게 해야 할까요? 그 답은 바로 상대방에게 '질문'하는 것, 즉 청취입니다.

〈자료 8〉과 같이 청취를 통해 상대방의 세계관에 있는 정보를 철저히 추출하고 수집하는 것입니다. 그리고 그 정보를 가공하고, 자신만의 플러스알파를 더해 편집합니다. 이렇게 만들어진 내용을 상대방의 머릿속에 이미지로 떠오르도록 알기 쉽게 말하는 것이 바로 프레젠테이션입니다. 저는 이 과정을 '뇌를 연결하는 기술'이라고 부릅니다.

만약 프레젠테이션 시간이 30분 주어졌다면 그중 28분을 청취에 할애해도 좋습니다. 상대방이 무엇을 좋아하는지, 어떠한 세계관을 갖고 있는지, 이번에는 무엇을 기대하고 있는지 등을 물어보고 이해합니다. 그리고 나머지 2분 동안에 상대방의 세계관에 맞춰 편집한 내용을 프레젠테이션하는 것입니다.

자료 8. 청취

① 청취를 통해 상대의 세계관에 있는 정보를
적극적으로 추출·수집한다

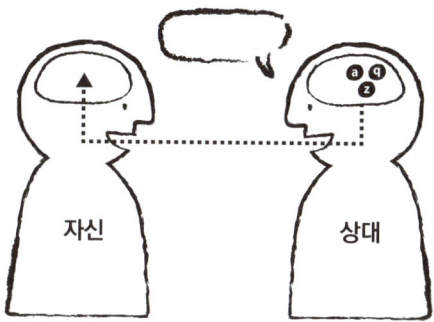

② ①에 자신만의 플러스알파를 더한다

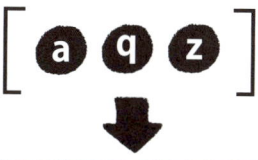

③ ②를 상대방의 머릿속에 이미지가 떠오르도록
알기 쉬운 말로 전달한다.

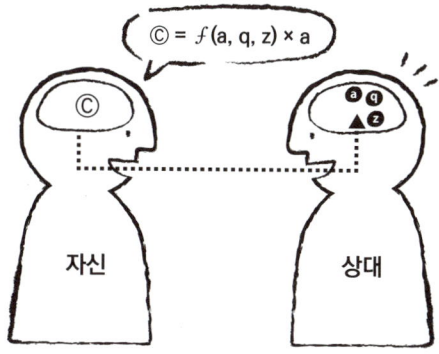

상대방이 자주 사용하는 단어나 말투를 활용해 우리가 권하고 싶은 내용을 재편집해서 전달하면 틀림없이 받아들여질 것입니다. 그뿐만 아니라, 이러한 프레젠테이션을 할 수 있는 사람에 대해서 상대방의 신뢰도까지 높아집니다. 설령 이번에 성과를 내지 못하더라도, 다음 기회로 이어질 것입니다.

프레젠테이션의 핵심은 '듣기'에 있습니다. 이것이 제가 얻은 중요한 깨달음입니다.

회사를 상대로 협상력을 갖추기 위해서

'커리어의 대삼각형'의 크기는 희소성을 의미합니다. 이는 '취업 경쟁력'을 결정함과 동시에 크레딧(사회에서의 신임의 총량)의 기반을 형성합니다. 따라서 세 번째 발을 과감하게 내딛는 것이 매우 중요합니다.

이를 위해서는 회사를 그만두고 이직하거나 창업하는 것도 하나의 방법이고, 회사를 떠나지 않고 자신만의 독자적인 위치를 확보하는 방법도 있습니다. 다만, 후자의 경우에는 인사부를 상대로 협상할 수 있는 '바게닝 파워(Bargaining power, 협상의 재료로써, 회사 밖에서도 통하는 스킬)'가 필요합니다.

이를테면, 취미를 중요하게 생각해서 현재와 동일한 급여에 주 4일 근무를 요구할 수도 있고, 승진을 거절하고 현장에 머무를 수도 있으며, 해외 근무를 자청할 수도 있습니다. 하지만 이러한 요구도 사회에서 통하는 스킬이 있을 때 가능한 일입니다.

제 경우는 회사 밖으로 나가는 길을 선택했지만, 직장인이나 공무원이라도 희소성이 높다면 스스로 주도권을 쥐고 일할 수 있습니다. 이렇게 되면 더 주체적으로, 즐기면서 업무를 할 수 있게 됩니다. 동시에 자유도 또한 높아지게 되지요.

이미 눈치채셨을지도 모르겠네요. 가장 위험한 사람은 '과장직을 수행할 수 있다', '부장직을 수행할 수 있다'라며 능력 없이 '직책을 수행할 수 있다'라고만 떠들어대는 직장인입니다.

계속해서 유능한 후배들이 치고 올라오는 상황 속에서, 회사 밖에서도 통하는 스킬을 갖추지 못하면 우리의 시장 가치는 회사에 종속될 따름입니다. 왜냐하면 승진으로 얻은 '권력(인사권이나 예산권)'은 회사의 신용에 기반을 둔 것이기 때문입니다.

따라서 '커리어의 대삼각형'을 만드는 것이 최선의 전략입니다. 이 삼각형의 면적은 클수록 좋습니다. 그래야 회사와 대등하게 협상할 수 있고, 여러분은 내 인생의 주인공이 될 수 있을 것입니다.

CHAPTER

3

나는 이렇게 '자리 잡기'를 해왔다

"파격적인 커리어를 쌓으셨네요.", "정말 과감한 삶을 사시네요."

저는 때때로 이런 말을 듣고는 합니다. 확실히 저는 회사에 대담한 제안을 하거나, 과감한 '세 번째 발'을 내디딘 적이 있습니다. 하지만 저는 그것이 파격적이라고 생각하지 않습니다. 오히려 인생의 리스크를 신중하게 판단하며 현실에 기반을 둔 삶을 살아왔다고 믿고 있습니다. 동시에 굉장히 좋은 경험도 많이 했습니다. 그것을 가능하게 한 것은 바로 '자리 잡기' 기술 덕분이었습니다. 이번 장에서는 제 경험을 구체적으로 이야기해보려고 합니다.

22세, 재학 중
직장인이 되다

저는 도쿄대학교 경제학부에서 공부했습니다. 제가 속한 과에는 50명의 학생이 있었는데, 그중에는 법학부 학생들도 섞여 있었습니다. 그들 중 대부분은 관료를 목표로 했으며, 몇몇은 통상산업성(현 경제산업성)에 들어갔습니다.

한편, 경제학부 학생들의 경우 대부분은 은행에 취업했고 그렇지 않으면 대기업에 들어갔습니다. 부모가 중소기업을 운영하는 경우조차도 중소기업이나 벤처기업에 들어가는 학생은 거의 없었습니다. 다들 큰 조직을 선택했지요.

하지만 저는 당시 중견기업이었던 '리크루트(Recruit)'에 입사했습니다. 1978년의 일이었습니다. 그 시절의 저는 저를 잘 알지도 못하는 인사부에 의해 제 미래가 결정되는 큰 조직의 구조에 강한 위화감을 느꼈습니다. 그 대신, 서로 얼굴을 마주하며 일할 수 있는 관계에서 일하고 싶었지요. 솔직히 말하자면, 저는 그동안 사회와 시대가 요구했던 '모범생'이라는 틀에서 벗어나고 싶었던 것입니다.

물론 저도 당시 사회 분위기처럼 '빠르고, 제대로 할 수 있는, 말 잘 듣는 아이'로 자라왔습니다. 그리고 열심히 공부해 도쿄 대학교에 입학했고, 대학생 시절에도 '말 잘 듣는 모범생'이었지요. 대학교 3학년 때는 이미 모든 학점을 이수했고, 20개 이상의 과목에서 최우수 성적을 받았습니다. 따라서 경제학부 학생 중에서도 성적 우수생들이 목표로 하던 일본 은행에 입사하는 것도 충분히 가능했습니다.

하지만 제 희망은 대학교 4학년 4월부터, 남들보다 1년 일찍 사회생활을 시작하는 것이었습니다. 아마도 저는 '빨리 해야 한다'라는 강박에 사로잡혀 있었던 것 같습니다. 마침 그 무렵, 제가 속한 세미나의 1년 선배 중에 한 사람이 정장 차림으로 캠퍼스에 등장해 잠금장치가 달린 서류 가방에서 영어로 된 자료를 꺼내는 모습을 보았습니다. 그 선배는 학생 신분으로 대기업의 컨설팅 업무에 참여하고 있었던 것이지요. 그 선배의 방에 놀러 갔을 때 책장에 꽂혀 있던 경영 서적의 제목을 무심코 메모한 적이 있는데, 그 영향으로 맥킨지 앤 컴퍼니(McKinsey & Company)와 보스턴 컨설팅 그룹(BCG) 같은 회사의 존재를 알게 되었습니다.

보스턴 컨설팅 그룹은 시간이 흐른 후 채용 시장에서 인기가 급상승했지만, 당시에는 직원 수 30명 정도에 불과한 회사로 이제 막 신입사원 채용을 시작한 시점이었습니다. 대학교 3학년 겨울 무렵 저는 회사에 직접 전화를 걸어 방문 신청을 했습니다. 하지만 돌아온 대답은 '내년에 오세요'였지요. 당장 일하고 싶었던 저는 참을 수가 없었습니다.

그런 제 눈에 들어온 것이 당시 벤처기업이라고 할 수 있던 리크루트의 아르바이트 모집 공고였습니다. 학생 신분의 아르바이트생임에도 불구하고 정장을 입고, 넥타이를 매고, 명함까지 갖고 일할 수 있다. 그러한 조건은 저에게 매우 자극적이었습니다.

저는 두 달간의 아르바이트를 거친 후, 그대로 대졸 신입사원으로서 리크루트에 입사하기로 결심했습니다. 그 이유는 여러 가지가 있었습니다. 일단 회사 분위기가 매우 좋았고, 선배도 상사도 오픈 마인드로 개방적이고 소통이 잘 되었으며, 채용 담당자도 열의가 넘쳤습니다. 여직원들도 모두 밝고 매력적이었으며, 무엇보다 에조에 히로마사(江副浩正) 사장의 강렬한 인상 등도 마음에 들었습니다.

하지만 사실, 저는 회사가 언제 망할지 모른다는 불안감도 가지고 있었습니다. 또한, 위에서 언급한 입사 이유는 부가적인 요소일 뿐, 결정적인 이유는 아니었습니다. 그렇다면 제가 리크루트에 입사하게 된 결정적 이유는 무엇이었을까요?

그것은 바로 '모범생'에서 벗어나고 싶었기 때문입니다.
저는 '모범'이라는 세계에서 가급적 멀리 벗어나고 싶었습니다. 여기에는 아버지의 영향도 컸습니다. 아버지는 일본 최고재판소(한국의 대법원)에서 일하는 국가공무원이셨습니다. 저는 매우 엄격하고 성실하신 아버지의 뜻을 거스르지 않고 성실하게 자라왔습니다. 하지만 제 마음 한편에서는 이런 모범적인 삶에서 벗어나고 싶다는 충동이 있었던 것 같습니다. 그리고 그러한 충동이 인생의 중대사인 취업을 결정하는 순간에 얼굴을 내밀게 된 것입니다.

　제가 리크루트 입사 소식을 세미나 담당 교수님에게 보고했을 때, 교수님은 물론, 조교까지 저를 보고 웃었습니다. 그야말로 '역발상'으로 시작한 커리어였습니다.

앞으로의 시대는 '역발상'이 통한다

첫 번째 커리어로 '모두가 목표로 하는 회사'에 들어가는 것은 그다지 추천하지 않습니다. 저는 오히려 저처럼 '역발상'이 통할 것이라고 생각합니다. 왜냐하면 바로 희소성 있는 경험을 할 수 있기 때문입니다.

100명 중 단 1명만 할 수 있는 경험을 쌓는 것만큼 가치 있는 일도 없지요. 모두가 가고 싶어 하는 회사에 입사하면, 남들이 할 수 없는 특별한 경험을 할 기회는 거의 없습니다.

물론 리스크는 존재합니다. 입사한 회사나 관공서에서 커리어를 잘 쌓지 못하거나, 회사가 도산할 위험도 있습니다. 하지만 역발상을 했기 때문에 오히려 압도적인 성장 기회를 맞이하게 됩니다. 특히 20대 때에는 더욱 그렇습니다.

'스스로 기회를 창출하고, 기회를 통해 스스로를 변화시켜라.'
이것은 제가 입사했을 당시 리크루트의 슬로건이었으며, '자리 잡기'와 관련된 명언이기도 합니다. 이 말은 오늘날에도 유효합니다.

하지만 제가 진정한 의미에서의 역발상을 실천했는지를 되돌아보면, 그렇지는 않습니다. 분명 리크루트에 입사함으로써 저는 회사라고 하는 무대 자체는 대기업 위주의 메이저에서 벗어났습니다. 하지만 대기업이든 중소기업이든, 화이트칼라(사무직)가 되는 것을 전제로 삼은 시점에서 저는 이미 정해진 범주 안에서 선택한 것이나 다름없습니다.

오히려 '빠르고, 제대로 할 수 있는, 말 잘 듣는 아이'라는 가치관은, 강력한 평가와 보상 체계를 갖춘 리크루트의 기업 문화로 인해 가족이나 학교에서 받았던 영향보다 훨씬 더 강력하게 저의 정신에 각인되었을지도 모릅니다.

리크루트 시절의 저는 열정적으로 일하며, 빠르게 성장했습니다. 승진도 빨랐고, 수입도 급격하게 상승했지요. 알차고 만족스러운 날들이 계속되었고 '이것이 내 인생'이라고 확신을 갖게 되었습니다. 결국, 취업 과정에서 '모범생'에서 벗어났기 때문에, 오히려 '모범생'으로서 최선을 다할 수 있는 최고의 환경을 손에 넣은 셈입니다.

하지만 리크루트에서 얻은 것은 매우 컸습니다. '스스로 기회를 창출하고, 기회를 통해 스스로를 변화시켜라'라는 슬로건처럼, 저는 수많은 기회를 얻었고, '커리어의 대삼각형'의 밑변을 넓히며 인생의 강력한 기반을 다질 수 있었습니다.

지금도 당시의 선택은 옳았다고 생각합니다. 하지만 저는 곧 깨닫게 되었습니다. 그동안 볼 수 없었던 다양한 가치관의 존재를 말이지요.

30세에 발병한 메니에르병이 그 계기가 되었습니다.

30세, 갑작스럽게 찾아온 병으로 인생이 180도 바뀌다

그전까지 저는 체력과 정신력에 자신 있었습니다. 리크루트에서 최고의 영업사원이 되어 출세 가도를 달릴 수 있었던 것도 이러한 체력과 정신력 덕분이었습니다. 고등학교 시절 농구부 활동을 통해 이러한 기초를 단련할 수 있었다고 생각합니다. 그런데 30세에 접어들면서, 제 인생은 180도 바뀌게 되었습니다.

어느 일요일 아침이었습니다. 침대에서 눈을 뜬 저는 전날 즐거웠던 술자리의 일을 떠올리며 잠에서 덜 깬 상태로 꾸물거리며 몸을 뒤척였습니다. 그 순간, 천장이 빙글 돌았어요. 이어서 구역질이 밀려와 화장실로 향했지만, 그 앞에서 또다시 문이 빙글 돌았어요. 어지럽고 몸이 무거웠습니다.

내과에 가서 검사를 받았더니, 의사는 "피곤한 게 아닐까요?"라며 비타민제만 처방해주었습니다. 저는 납득할 수 없어서 다른 병원을 3~4군데 더 찾아갔지만, 명확한 원인은 알 수 없었습니다.

친구에게서 "그거 이비인후과에 가봐야 하는 거 아냐?"라고 조언을 얻어 진료를 받았고, 곧바로 주사를 맞았습니다. 살짝 멍한 느낌은 들였지만, 어지럼증은 사라졌습니다. 의사의 진단은 스트레스 과다로 인한 일종의 심신증으로, 아직 규명되지 않은 경미한 메니에르병일 가능성이 있다고 했습니다.

메니에르병은 1861년, 프랑스의 이비인후과 의사 메니에르(Meniere)에 의해 발견된 병으로, 평형감각을 담당하는 내이(속귀)의 이상으로 인해 이명이나 난청을 동반한 어지럼증 발작이 반복적으로 발생합니다. 우울증을 동반하거나 균형 장애가 나타나는 경우도 있습니다. 심하면 똑바로 걷지 못하거나, 건물이 덮쳐오는 것처럼 보이거나, 구역질이 멈추지 않는 등의 증상이 나타나는 난치성 질환입니다. 주사로 증상은 가라앉았지만, 후유증이 남았습니다. 오후가 되면 멍해지고, 생각이 잘 정리되지 않았습니다. 이런 상태가 약 5년이나 지속되었습니다.

그 무렵, 저는 신규 사업을 담당하는 영업부로 부서를 이동했고, 과장에서 차장, 그다음 해에는 부장, 그리고 총괄부장까지 승진을 거듭했습니다. 유능한 부하 직원들을 이끌며 성과를 냈고, 전 사(社) 통틀어 MVP를 수상하기도 했지요.
하지만 이런 몸 상태로는 접대나 골프 같은 영업 무기를 온전히 활용할 수 없었습니다. 결국, 저는 직장인으로서의 출세 경쟁에서 물러나기로 했습니다. 높은 자리에 올라 권력을 쥐는 것을 더는 생각할 수 없게 된 것입니다.

지금 돌이켜보면, 메니에르병은 저 자신에 대한 경고였던 셈입니다. 만약 그 상태로 계속해서 달려나갔다면, 어느 순간 갑자기 쓰러져 죽었을지도 모릅니다.

 병 때문에 출세를 포기할 수밖에 없었던 것이 억울하지 않았냐는 질문을 종종 받습니다. 하지만 그렇지는 않습니다. 또 하나의 계기가 있었기 때문입니다.

33세, 열정적으로 책을 읽기 시작하다

제가 메니에르병을 앓고 있던 동안, 회사는 '리크루트 사건(1988년, 리크루트 창업자가 자회사의 주식을 상장 전에 정관계 유력 인사들에게 뿌린 뇌물 공여 사건)'과 리크루트가 다이에 그룹에 편입된 '다이에 쇼크(1992년, 리크루트 사건 및 부동산 버블 붕괴의 영향으로 1조 400억 엔의 부채와 함께 다이에 산하 그룹으로 편입, 이후 경영 재건에 성공)'를 겪게 되었습니다. 저는 회사를 위기에서 구하기 위해 동분서주했습니다. 당시 리크루트의 위기를 구한 것은 현장에서 활약하는 리더들이었습니다.

반면, 선두에서 회사를 지켜야 할 경영진의 행동은 실망스러웠습니다. 솔직히 말하면, 그들은 전혀 멋지지 않았어요. 출세해서 그들처럼 되고 싶다는 생각은 전혀 들지 않았지요. 그때부터였습니다. 저는 '이대로 높은 자리에 올라가도 의미가 없지 않을까…'라는 생각을 하게 되었습니다.

결국, 저는 출세 경쟁에서 물러나 신규 사업을 담당하는 전문직으로 방향을 틀었습니다. '자리 잡기'를 타인에 의해서가 아닌 스스로 선택한 것입니다. 그 후로 제 수입은 10년 동안 동결되었습니다.

이 과정에서 출판사 '미디어 팩토리'의 설립에 참여하게 되었습니다. 뛰어난 편집자들과 함께 일하며 저는 그들의 사회적 통찰력에 깊은 충격을 받았습니다. 이 사회적 통찰력을 제 나름대로 표현하자면, '사회 전반적인 흐름을 읽고 파악하는 감각'이라고 할 수 있겠네요.

사실 저는 30대 초반까지 독서량이 적었고, 그 점이 제 콤플렉스기도 했습니다. 주어진 과제를 빠르게 처리하고 고객을 설득해서 영업하는 것은 자신 있었습니다. 하지만 세상의 흐름을 파악한 다음 '나는 이렇게 생각한다'라거나 '사회는 이렇게 돌아가야 한다'라고 제 견해를 말하는 부분은 서툴렀습니다. 콤플렉스란 바로 이러한 사회적 시각의 부족이었지요.

게다가 제 미래에 대한 초조함도 있었습니다.
'이대로라면 40대가 되어도 나만의 의견을 가지지 못할 것이다', '내 평생에 걸쳐 추구해야 할 과제를 발견하지 못할 수도 있다', 이러한 위기감이 저를 사로잡았습니다.

"저는 책을 읽지 않는 사람과는 대화하고 싶지 않아요."
어느 편집자가 던진 이 한마디로 인해 저는 열정적으로 책을 읽기 시작했습니다. 1년에 100권 이상 읽겠다고 결심한 후로는, 술을 마신 뒤 집으로 돌아가는 전철 안에서도 책을 읽었습니다.

5년 동안 독서를 계속하다 보니 제 안에서 변화가 일어났습니다. 저만의 언어로 생각을 표현하기 시작했고, '인생의 조감도(鳥瞰圖)'와 같은 것이 보이지 시작한 것입니다. 물론 조감도를 얻겠다는 목표로 책을 읽기 시작한 것은 아닙니다. 계속해서 책을 읽으면서 다른 사람의 생각을 흡수하는 과정에서 결과적으로 제 인생의 조감도가 생겨난 것입니다.

일반적으로 인간은 자기 혼자만의 시각으로 세상을 바라봅니다. 하지만 사회가 이처럼 다양화된 시대에는 자신의 시각만으로는 한계가 있습니다. 그러한 점에서, 책에는 저자가 평생에 걸쳐 축적해온 독자적인 견해와 전문성이 담겨 있습니다. 책을 읽으면, 저자의 관점에서 세상을 간접적으로 바라볼 수 있는 것입니다. 그러한 관점을 얼마나 다양하게 가질 수 있을지가 관건입니다.

이러한 압도적인 독서 경험은 사물을 보다 깊이 있게 바라보고 사고할 수 있도록 도와줍니다. 저는 독서를 통해 조직의 논리에 쉽게 휩쓸리지 않고, 높은 곳에서 바라볼 수 있는 시각을 얻게 되었습니다. 참고로, 제가 33세부터 약 35년 동안 읽은 책은 4,000권 정도에 달합니다.

37세,
파리로 향하다

독서는 저를 변화시켰습니다. 그럼에도 불구하고, 제가 평생을 걸고 추구할 만한 '주제'는 여전히 찾지 못한 상태였지요. 나는 어떤 곳을 향해 나아가야 할까? 사회에 어떻게 공헌할 수 있을까? 시행착오의 나날이 계속되었습니다.

결국, 저는 이러한 상황에서 벗어나 인생을 새롭게 시작하고자 과감한 결단을 내렸습니다. 앞서 언급했듯이, 유럽으로 파견근무를 갈 수 있게 해달라고 회사에 직접 요청한 것입니다. 표면적인 이유는 '성숙 사회에서 신규 사업에 대한 아이디어를 찾겠다'는 것이었지요. 제 나이 37세 때 일이었습니다.

하지만 유럽에 간다고 해서 승산은 전혀 없었지요. 일단 저는 영어 실력을 포함해 제 실력을 냉정하게 분석했습니다. 그리고 런던 대학교 비즈니스스쿨의 객원 연구원으로 활동하며 지금까지 저에게 존재하지 않았던 새로운 부가가치를 쌓기로 결정했습니다.

사실, 그 이후의 일에 대해서는 구체적으로 계산하지 않았습니다.

확실한 준비 없이 다소 무모하게 가족을 데리고 외국으로 뛰어든 셈입니다. 당시 큰아들은 4살이었고, 얼마 지나지 않아 런던에서 둘째 아들이 태어났습니다.

그럼에도 저는 인생의 전환점, 특히 오랜 고민 끝에 내린 결정인 경우에는 전략보다는 무모함이 더 의미를 가진다고 생각합니다. 리크루트의 슬로건인 '스스로 기회를 창출하고, 기회를 통해 자신을 변화시켜라'는 말은 여전히 제 마음속에서 영향을 미치고 있었습니다. 결과는 앞 장에서 언급한 대로입니다. 저는 인생의 다음번 주제를 발견했습니다.

일본은 성숙 사회로 나아갈 것이 자명합니다. 그리고 이러한 상황을 맞닥뜨렸을 때 사회 시스템상 무엇이 문제가 될지 확실하게 알게 되었습니다. 그것은 바로 '교육', '간병을 중심으로 한 의료', '주택', '회사와 조직이라는 벽을 넘어 개인과 개인을 연결하는 네트워크'라는 4가지 분야입니다.

이러한 주제를 발견할 수 있었던 이유는 제가 혼자 단신 부임한 것이 아니라 가족과 함께 유럽에서 생활했기 때문이라고 생각합니다. 또한, 2년 반 동안 일본인 주재원들과 어울리지 않고 현지인들과만 교류한 것도 큰 역할을 했습니다. 현지에서의 생활에 진지하게 임했기 때문에 보통의 주재원들이 10년이나 걸릴 것을 2년 만에 배울 수 있었던 것입니다.

40세, '자영업자'라는 길을 선택하다

2년 반 동안의 유럽 주재원 생활을 마치고 일본으로 돌아오면 일반적으로는 부장이나 계열사의 임원과 같은 자리가 준비되어 있었습니다.

하지만 제 관심은 더 이상 출세에 있지 않았습니다. 사장이 된다 해도, 어차피 '고용된 사장'일 뿐입니다. '대단한 일을 할 수 있는 것도 아니고, 멋있지도 않다. 그보다는 자신이 설정한 주제를 향해 나아가는 것이 훨씬 멋있다'라고 생각했습니다.

1996년, 저는 18년간 몸담았던 리크루트를 퇴사하고, '펠로우(Fellow)'라는 입장에서 일하기로 결심했습니다. 즉, 직원이 아닌 객원으로 활동하는 '자영업자'가 된 것입니다. 연 수입은 0엔에서 4,500만 엔까지 유동적으로 왔다 갔다 했습니다.

펠로우로 활동한 6년 동안, 저는 유럽에서 발견한 4가지 주제 중 저에게 가장 잘 맞는 분야를 조사했습니다. 펠로우라는 위치였기 때문에 더 좋은 결론을 낼 수 있었습니다. 왜냐하면 회사에 적을 둔 채 회사가 바라는 조사를 회사의 자금으로 조사한 것이 아니기 때문입니다. 제 인생을 걸고, 스스로 조사했기에 자신의 열매가 될 수 있었습니다. 제가 최종적으로 선택한 주제는 '교육'이었습니다.

일본으로 돌아왔을 당시, 저의 큰아들은 6살, 둘째 아들은 2살, 그리고 막내딸은 돌이 채 지나지 않았습니다. 앞으로 약 15년 동안은 의무교육을 받을 터였지요. 저는 제 아이들을 지켜보는 것만으로도 학교 교육에 대한 마케팅이 될 수 있다는 것을 깨달았습니다. 마침 리크루트의 여러 정보지에서 편집장을 맡았던 구라타 마나부(倉田 学, 현 경영 컨설턴트) 씨가 '셀프 마케팅(Self-Marketing)'이라는 말을 사용하기 시작한 시기였고, 저는 이를 직접 몸으로 실천해볼 수 있겠다고 생각했습니다.

그렇다고 해서 펠로우 시절에 아무것도 하지 않았던 것은 아닙니다. 이전과 마찬가지로 TV에 끌려 나와 교육 문제에 관해 이야기하거나, 교육 개혁에 대해 제안하기도 했습니다. 하지만 솔직히 말하자면 무력감을 느끼고 있었습니다. 문부과학성(일본 교육부)의 심의회 위원이 된다고 해도, 아무것도 바꿀 수 없다는 것을 깨달았기 때문입니다.

펠로우가 된 지 5년이 지날 무렵, 저는 큰아들이 다니던 스기나미구의 초등학교에서 여러 활동을 시작했습니다. 아빠들이 주도하는 컴퓨터 학습 지원팀을 결성하거나 여름방학에 아트 이벤트를 기획하는 등의 활동을 했지요. 제안이나 주장만으로는 아무것도 바꾸지 못한다는 사실을 깨달았던 저는 직접적인 행동에 나섰습니다. 이런 활동 덕분에 교육위원회에서도 저를 다르게 보기 시작했습니다. 이 사람은 단순히 제안만 하고 도망갈 사람이 아니다, 또한 '교사가 나쁘다', '학교가 문제다'라고 지적만 하는 평론가와도 다르다. 이 사람은 실제로 도움이 될지도 모른다와 같은 분위기가 점차 퍼져나갔습니다.

그리고 저는 스기나미구 심의회에 개혁안을 제출했습니다.
그 발표 현장이었던 교장단 회의에서, 맨 뒤에 앉아 있던 제 귀에 한 교장 선생님의 중얼거림이 들려왔습니다.
"이 안건은 교육위원회가 멋대로 정한 것이니, 바람이 잦아들면 이런 것은 하지 않아도 돼…."

모든 사람이 그런 생각을 갖고 있지는 않겠지만, 이대로라면 아무리 좋은 제안을 해도 아무런 일도 일어나지 않을 터였습니다. 당연히 변화도 없을 것이라고 확신했습니다. 그날 밤, 저는 '제가 직접 했으면 한다'라는 뜻을 내비쳤습니다.
그러자 놀란 것은 교육위원회였습니다.

"그렇지만, 후지하라 씨. 연봉이 이 정도밖에 안 됩니다."
그들이 제시했던 금액은 당시 제 연봉의 약 3분의 1 정도에 불과했습니다. 하지만 아무리 아이디어를 내도 실행하지 않으면 '그림의 떡'에 불과합니다. 제가 앞장서 지휘하지 않으면 개혁안은 현장에서 무력화될 것이라고 생각했습니다.

당시, 교직원의 인사권을 가진 도쿄도 교육위원회는 의무교육 기관에 민간인 교장을 채용할 계획이 전혀 없었습니다.

하지만 스기나미구와 인연이 깊은 두 분이 도쿄도 교육위원회에서 중요한 직책을 맡고 있었던 것이 천만다행이었습니다. 그 두 분이 바로 총무과장인 히루마 히데토 씨(比留間 英人, 훗날 도쿄도 교육위원회 교육장)와 인사부 부장 이데 다카야스 씨(井出 隆安, 훗날 스기나미구 교육위원회 교육장)였습니다. 그분들이 나서면서, 도쿄도에서 의무교육 역사상 첫 민간인 출신 교장이 실현될 수 있었습니다.

47세, 중학교 교장에 취임하다

2003년, 저는 스기나미 구립 와다 중학교의 교장으로 취임했습니다. 앞서 언급한 것처럼, 입학식 당일, 카메라들의 플래시 세례 속에서 취임사를 하던 제 다리는 부들부들 떨리고 있었습니다. 다행히 연설대에 가려져 TV에는 비치지 않았지만 말이지요.

제가 교장으로 근무하던 5년 동안, 개혁 과정은 항상 언론에 보도되었습니다. 그 결과, 몇 가지 정책이 전국적으로 확산되었습니다. 또한 부수적인 효과로, NHK와 〈아사히신문〉 등 언론사의 교육 담당 기자들과 친분을 쌓았고, 지금도 좋은 관계를 유지하고 있습니다.

제가 진행했던 개혁 중 한 가지를 소개해보겠습니다. 당시 공립 중학교에서는 '여유로운 교육(유토리 교육)'의 폐해가 문제로 대두되고 있었습니다. 사립 중학교와의 학력 격차는 점점 벌어지고 있었지요. 그래서 저는 수업 시간을 1교시 50분에서 45분으로 줄이고 영어·수학의 주당 수업 시수를 각각 1시간씩 늘렸습니다(당시 공립학교의 영어, 수학 수업 시간은 전국적으로 주당 3시간이 공통 기준이었습니다). 이를 시행하기 위해, 다른 학교로 전출 갔던 리더십 있는 교무 주임(한국의 경우 교무부장)을 무리하면서까지 다시 불러들였습니다. 그 결과, 제가 취임했을 당시 와다 중학교의 영어 성적은 스기나미구 23개 교 중 21위였지만, 5년 후에는 1위로 올라섰습니다.

이러한 변화는 다음 대 민간인 교장에게 학교를 넘겨서도 계속되었습니다. 8년 차에는 수학과 국어 성적도 1위가 되었고, 한때는 추첨으로 신입생을 선발하는 인기 학교가 되었습니다. 학생 수 169명으로 스기나미구에서 인원이 가장 적어 통폐합 대상이 되었던 학교가 모든 교실마다 정원이 가득 찬 450명 규모로 성장하게 된 것입니다.

"개혁이 성공할 거라 확신하셨나요?"
교장직에서 물러날 때, 언론에서 자주 받았던 질문입니다.
솔직히 말해, 처음부터 자신이 있었던 것은 아니었습니다. 앞서 설명한 개혁이 없었다면, 여러 가지 변화를 시도하며 사회를 떠들썩하게 만들었지만, 결국 성과를 내지 못한 채 임기를 마친 민간인 교장이 되었을지도 모릅니다. 저는 전략적인 접근보다는 무모함으로 뛰어들었을 뿐이었습니다. '스스로 기회를 창출하고, 기회를 통해 스스로를 변화시켜라'라는 말 그대로였지요. 그렇기에 온전히 학생들의 미래만을 생각하며, 반드시 결과를 내기 위해 노력했습니다.

그 과정에서 1만 시간 이상을 투자해 저는 '교장'으로서도 전문가가 되었고, 커다란 '커리어의 대삼각형'을 손에 넣게 되었습니다. 또한, 지역 사회가 학교의 교육 활동을 지원하는 '와다 중학교 지역 본부'라는 시스템은 이후 문부과학성이 주도한 학교 지원 지역 본부 보급 운동에 의해 전국적으로 확산되었고, 현재의 '지역 학교 협력 본부' 제도로 이어졌습니다. 현재, 전국 3만 개 초·중학교 중 약 70%가 이 제도를 도입하고 있습니다.

52세, 단숨에
새로운 가능성이 펼쳐지다

2008년, 저는 와다 중학교의 교장 임기가 만료되어 퇴임했습니다. 그 후, 2011년까지 하시모토 도루(橋下 徹) 오사카부 지사의 특별 고문을 맡았고, 2014년부터는 사가현 다케오시(武雄市)의 특별 고문으로 활동했습니다. 공립 중학교의 민간인 교장이라는 파격적인 '세 번째 발걸음'은 제 인지도와 희소성을 비약적으로 상승시켰고, 그다음 커리어의 폭을 더욱 넓히는 계기가 되었습니다. 그리고 2016년부터는 2년간 나라 시립 이치조 고등학교의 교장도 역임했습니다.

중학교 교장을 지냈으니 이번에는 고등학교 교장을 해보고 싶었습니다. 만약 모교인 도쿄 도립 아오야마 고등학교(東京都立青山高校)의 교장을 맡을 수 있었다면, 무보수라도 기꺼이 수락했을 것입니다. 당시 도쿄도 교육위원회의 교육장은 저를 중학교 교장으로 임명했던 인물이었기 때문에, 한번 부탁드려볼까 생각하기도 했습니다. 하지만 그분은 이미 도쿄 메트로(지하철)의 부회장으로 자리를 옮긴 후였습니다.

그 무렵, 심도 있는 교육 개혁에 관한 논의를 주도하고 계셨던 분이 나라시(奈良市)의 나카가와 겐 시장(仲川 げん)이었습니다. 자연스럽게 제

눈길은 나라(奈良)로 향하게 되었습니다. 그리고 그 시선 끝에 있었던 곳이, 나라시의 유일한 시립 고등학교, 이치조 고등학교였습니다.

이치조 고등학교는 '개척자 정신'을 건학이념으로 삼고 있는 선진적인 학교로, 1951년에는 일본 최초로 외국어 학과를 설립한 실적도 있었습니다. 문무(공부와 운동)의 균형을 중시하는 분위기의 학교였지만, 당시에는 저출산의 영향으로 학생들의 학력을 충분히 끌어올리지 못한다는 과제를 안고 있었습니다.

그래서 제가 제안한 것이 '슈퍼 스마트 스쿨(SSS)화'입니다. '20세기형 학력'에서 '21세기형 학력'으로 전환하자는 것이었지요. 즉, 지금까지 성장 사회에서 요구되었던 '정보 처리력'이 아니라, 성숙 사회에서 요구되는 '납득할 수 있는 해답'을 도출하는 '정보 편집력'을 기르는 환경을 구축하고자 했습니다.

구체적으로 다음과 같은 3가지 목표를 설정했습니다.

① 스마트폰을 적극적으로 활용한 '개별 최적화 학습' 실시(어댑티브 러닝)
② 대학 입시 개혁에 대응하는 '사고력·판단력·표현력' 향상(액티브 러닝)
③ 편차치(입시 성적) 중심의 진로 지도에서 벗어나, 데이터 기반의 과학적 진로 지도

제가 학력 향상과 직결된다고 생각한 것은 ①번, 스마트폰의 적극적인 활용이었습니다. 스마트폰은 학생들에게 가장 익숙한 도구이자,

'두뇌의 연장선'이라고도 부를 수 있는 존재입니다. 게다가 학교가 새롭게 기기를 마련할 필요도 없습니다. 학생들이 개인 디바이스를 활용할 수 있게 하면 비용도 발생하지 않습니다.

이를 위한 기본 인프라로 도입한 것이 리크루트에서 제작한 '스터디 서플리(Study sapuri, 학습 동영상 제공 서비스)'입니다. 이는 수업의 일부분 혹은, 방과 후 학습을 보조하는 데 활용되었습니다. 현재, 학생들은 교육 기회와 환경의 차이에 따라 '우수한 학생'과 '뒤처지는 학생'으로 양극화되어 학생들의 숙련도에 맞춘 개별 학습이 필요했습니다. 그리고 이러한 상황에서는 '스터디 서플리' 도입이 큰 효과를 발휘할 것이라고 판단했지요.

한편, 모두가 함께 '일제히 수업'받는 방식은 메이지 시대부터 150년 이상이나 지속되어왔습니다. 따라서 이러한 제도로 인한 피로도가 누적된 상태였습니다. 그래서 제가 생각한 것은 수업 종료 5분 전에 ② '액티브 러닝' 시간을 마련하는 것이었습니다. 스마트폰을 이용해 학생들의 의견을 수집하고, 그 내용을 바탕으로 토론을 진행하면서 '스스로 생각하는 습관'을 기르고자 하려는 의도였습니다. 하지만 이 시도는 제가 재직하던 중에는 안타깝게도 완벽하게 정착하지는 못했습니다.

또한, 토요일에는 희망자들을 대상으로 '세상 수업(よのなか科)(자세한 내용은 CHAPTER 5에서 설명)' 강좌를 개최했습니다. 이 강좌에서는 학교 밖의 다양한 어른들과 수직 수평이 아닌 비스듬한 관계를 구축하며 현

실 사회에 존재하는 정답이 없는 문제에 대해 다루었습니다. 이 강좌는 2년 동안 실시되었으며 성과를 냈지요.

'이러한 개혁을 시도할 수 있도록 나에게 일임해줄 수 있는지', '이치조 고등학교의 민간인 교장으로 나를 채용해줄 것인지'에 대해 저는 나카가와 시장에게 직접 질문을 던졌고, 결국 'YES'라는 답을 얻어냈습니다.

저는 이미 와다 중학교에서 5년간 교장 경험을 쌓았기 때문에(1만 시간 이상 경험을 쌓아 프로가 되었기에), 핵심을 파악하고 있었습니다. 그래서 계약 기간을 2년으로 정했고요. 당연히 나라(奈良)로 이주할 계획이었습니다. 감이 오시나요? 저는 '장소'를 바꾼 것입니다.

바로, 여기에 큰 의미가 있었습니다.

61세, 아내, 자녀와 떨어져 이주하다

본래 제 계획은 가족들과 함께 나라로 이주하는 것이었습니다. 그런데 문제가 있었습니다. 먼저, 둘째 아들은 취업 활동을 하는 시기였기 때문에 동행할 수 없었습니다. 또한, 아버지는 치매를 앓고 계셨고, 그 간병은 어머니 혼자서 도맡아 하시던 상황이었습니다. 만약 제가 나라로 이주하면 부모님을 도와드릴 수 없게 되었지요.

그리고 또 하나, 저희가 키우던 강아지는 추운 나가노현(長野県)에서 태어난 '가와카미견(川上犬, 시바견의 일종)'으로, 무더운 나라 분지에서 여름을 버틸 수 있을지 걱정되었습니다. 또한, 거주지를 나라 공원(자유롭게 뛰어다니는 사슴을 볼 수 있음) 근처에 마련할 예정이었는데, 만약 강아지가 사슴을 물기라도 하면 어쩌나 하는 걱정도 있었습니다(이 강아지에 대해서는 CHAPTER 5에서 다시 설명하겠습니다).

결국, 저는 아내와 자녀, 강아지를 도쿄에 남겨두고, 부모님과 함께 셋이서 나라로 이주하기로 했습니다. 아버지는 나라(奈良)라는 말에도 별다르게 신경 쓰는 기색은 없으셨고, 어머니도 '그럼, 가자'라며 흔쾌히 응해주셨습니다. 외동아들이었던 저는, 20대 후반까지 부모님과 함께 셋이서 살았어요. 그래서 아버지의 인생의 마지막 시기에 다시 한번 셋이서 살면서 효도해야겠다고 마음먹었습니다.

나라에서 살게 된 아버지는 매일 나라 공원에 산책 가서 사슴에게 사슴 전병을 주는 것을 즐기셨습니다. 그 모습을 보고 저는 '사슴 테라피'라는 이름을 붙였지요. 그 덕분인지 아버지의 표정에도 생기가 돌았습니다. 몇 번이나 방문했던 도다이지(東大寺) 대불전에서는 항상 '크구나, 대불은 정말 크구나'라며 감탄하셨습니다.

저녁은 거의 매일, 아버지와 함께 먹었습니다. 아버지는 반주로 곁들인 맥주 한 잔을 "아, 맛있구나"라며 기쁘게 드셨습니다. 아버지는 최고재판소(한국의 대법원)의 판사로 60세까지 근무하셨으며, 정년퇴직하신 후에는 간이재판소(경미한 소송 사건을 빠르고 간단하게 처리하는 재판소) 판사를 역임하셨습니다. 이러한 경력을 통해서도 할 수 있듯이 매우 엄격한 분이셨지요. 하지만 그 당시의 아버지는 마치 아기로 돌아간 듯한 모습이었습니다.

그렇게 2년이 지나서 2018년, 아버지는 평온하게 생을 마감하셨습니다. 나라 공원에는 연못이 있고, 대불이 자리 잡고 있습니다. 그 푸른 잔디밭 위에서는 사슴 가족들이 뛰놀고 있었지요. 아버지는 마치 극락정토(極樂淨土)와도 같은 그 풍경을 눈에 담은 채 떠나신 것입니다.
저는 아버지의 마지막이 행복하셨을 것이라 믿습니다.

성공은
이동 거리와 비례한다

　나라로 이주한 후, 저는 포르쉐 미드십 오픈카 박스터를 중고로 구매했습니다. 손님을 태우고 나라를 안내하기 위해서였지요. 저는, 도쿄에서 손님이 오면 긴테쓰 나라 역에서 픽업해 바로 그 근처에 있는 와카쿠사야마(若草山)로 차를 몰았습니다. 그리고 해 질 무렵, 해발 342m 정상에 도착하면 이코마산(生駒山) 너머로 지는 석양을 배경으로 아이폰 파노라마 모드로 사진을 찍었습니다.

　건축가 구마 겐고(隈 研吾) 씨를 비롯해 올림픽 여자 마라톤 메달리스트 아리모리 유코(有森 裕子) 씨, 아버지, 어머니 모두 그곳으로 모셨었지요. 그 사진들은 이치조 고등학교 출신 영화감독 가와세 나오미(河瀨 直美) 씨마저 감탄하게 했고, "저도 피사체가 되고 싶었어요"라며 칭찬해 주실 정도였습니다. 그 사진은 현재도 인스타그램 'Panorama Photo Museum(@Nara/Wakakusa-yama, JAPAN)'에 올라와 있으며, 크게 확대된 포스터 크기 사진은 긴테쓰 나라 역 인근 레스토랑 '사이엔(菜宴)'에 전시되어 있습니다. 이곳은 2년 동안 무려 100회나 방문했어요.

　이 모든 것은, 나라였기에 가능했던 일이었습니다.

예를 들어, 교토의 매력을 전하는 사람은 국적·연령·성별을 불문하고 항상 존재합니다. 경쟁자가 많고, 볼거리는 세분화되어 있지요. 즉, 교토를 안내하는 마스터가 되기 위해서는 시간이 걸립니다. 하지만 나라는 교토에 머무르면서 당일치기로 방문하는 여행자가 많기 때문에 교토만큼 마스터가 많지 않아요. 즉, 블루오션인 셈입니다.

저는 나라에서 2년간 거주한 것만으로도 레스토랑과 호텔, 그리고 고후쿠지(興福寺) 국보관의 전시물에 대해 자세히 알게 되었습니다. 또한, 유럽 관광객을 안내할 수 있을 정도의 교양도 쌓게 되었습니다. 앞서 빙수 기계 '히무로(himuro)' 이야기에서 언급한 것처럼, 나라에서도 다양한 인맥과 네트워크를 구축할 수 있었습니다. 즉, 업무 외적으로도 마스터로서의 영역을 확립할 수 있었던 것입니다.

앞서 언급한 대로 저는 이치조 고등학교에서 학생들이 스마트폰을 학교에 가져와 Wi-Fi를 연결해 수업에서 활용할 수 있도록 했습니다. 그 과정에서 저는 요즘 젊은 세대의 경향을 직접 체감할 수 있었습니다. 학생들은 모르는 것을 자세히 조사하기보다는 한 번에 정답을 알고 싶어 합니다. 저는 모르는 것을 조사할 때는 컴퓨터로 검색한 후, 결과를 비교하고 검토합니다. 검색 사이트의 상위에 있는 정보를 그대로 받아들이지 않고, 여러 자료를 살펴보는 것이지요. 때로는 개인이 뉴스를 설명해놓은 사이트가 가장 참고가 될 때도 있습니다.

하지만 학생들은 그런 번거로운 일들을 하지 않습니다. 스마트폰으로 검색해, 답이 될만한 영상을 유튜브에서 찾으면, 그것을 단번에 '정답'으로 받아들입니다. 정보를 수동적으로 받아들이거나 직관적으로 표현하는 것은 스마트폰으로도 충분하지만, '탐구'하는 것은 어렵습니다. 흥미 있는 정보를 모아 정리하고, 편집해 프레젠테이션하려면 스마트폰만으로는 한계가 있으며, 컴퓨터가 필요합니다.

저는 이 경험을 바탕으로, 고등학생 대상의 액티브 러닝 수업에서는 스마트폰과 컴퓨터를 병행하고 있습니다. 스마트폰을 자신의 의견을 발신하는 도구로 사용하면서, 동시에 컴퓨터로 조사하거나 프레젠테이션하는 방식을 추천하고 있습니다. 이 또한, 나라에 갔기 때문에 깨달을 수 있었습니다.

지방의 불량 청소년이나 등교하지 않는 학생들을 도쿄로 불러들여 의식주를 제공하고 인재로 육성하는 '양키 인턴' 사업을 벌이는 벤처 기업이 있습니다. 바로 핫샤다이(HASSYADAI)입니다. 이 회사의 창업 경영자인 구세 다이스케(久世 大亮) 씨는 사람의 성공은 '이동 거리'에 달려 있다고 단언합니다. 이동 거리가 긴 사람일수록 성공한다는 것이지요.

'양키'라고 불리는 불량 청소년들의 세계는 좁고 이동 거리가 짧습니다. 그렇기 때문에, 일단 이동시킴으로써 비소로 재교육을 시작한다고 합니다. 확실히 한곳에 머무르는 것보다, 여러 곳에서 생활하고 일하는 편이 견문을 넓히고 능력도 기를 수 있습니다. 저 또한 60세 넘어서 이주한 경험을 통해, 제2의 고향이라 부를 수 있는 장소가 두 곳이나 생겼습니다. 바로 파리와 나라(奈良)입니다.

65세, '조례만 하는 학교'를 개교하다

2018년, 저는 2년간의 이치조 고등학교 근무를 마치고 도쿄로 돌아왔습니다. '다음에는 무엇을 목표로 할까? 중학교와 고등학교 교장을 경험했으니, 이번에는 병설 유치원이 있는 초등학교 교장이 되는 것도 괜찮지 않을까?' 이런 생각이 떠올랐습니다.

지인 소개로 시부야구(渋谷区) 구청장을 찾아가 직접 제안한 적도 있습니다. 또한, 유치원이나 어린이집 설립에 참여하는 것은 어떨까 고민하며, 유치원 운영 컨설팅 회사나 놀이기구 제작 회사인 '자쿠에츠(ジャクエツ)' 등을 통해 여러 유치원을 방문하기도 했습니다.

결국 이 계획들은 실현되지 않았지만, 만약 실현되었다면, 유치원 원장에서 초·중·고등학교 교장까지 경험한 것이 될 테지요. 더 나아가 교직 과정이 있는 작은 대학교의 학부장이나 학장까지 된다면, 유치원부터 대학까지 단번에 아우르는 '로열 스트레이트 플러시(royal straight flush)' 같은 커리어가 완성되는 것입니다.

이러한 이야기를 지인들에게 하면 꽤 재미있어하지만 저는 상당히 진지합니다. 물론 아직 실현되지는 않았지만, 누군가 기회를 준다면 바로 움직일지도 모릅니다.

그동안 저는 강연과 연수 강사로 활동했습니다. 그 횟수는 현재까지 1,850회에 누적 참가 인원은 36만 명이 넘습니다. 하지만 2020년, 코로나19 사태가 터지면서 강연과 연수가 잇달아 취소되었습니다.

저는 갑자기 생긴 시간을 어떻게 보내야 할지 고민했습니다.

일단, 리크루트 사건 이후 30년 동안 봉인해두었던 골프를 다시 시작했습니다. 마침 코로나19로 인해 골프장이 텅텅 비었기 때문에, 갑자기 연간 70회 이상 필드에 나갈 수 있게 되었습니다. 오랜만에 잡은 골프채였기 때문에 처음에는 형편없는 실력이었지만, 3개월이 지나자 그럭저럭 괜찮은 스코어를 기록할 수 있었습니다. 샤프트 피팅을 하고, 약간의 비용을 투자한 것도 영향을 미쳤을지 모르겠네요.

그다음으로 착수한 것이, 20년 이상 운영해온 홈페이지 '세상(요노나카)net'의 게시판 '세상(요노나카) 포럼' 개편하는 일이었습니다. 앞서 언급했듯이, 강연과 연수는 성황을 이루었으며, 저서도 90권 이상, 누적 160만 부에 달하고 있었습니다. 또한 유튜브 채널 '단 한 번뿐인 인생을 바꾸는 공부를 하자'와 '10년 후, 너에게 일이 있을까?'는 누적 500만 뷰의 조회수를 기록했습니다.

하지만 한편으로는, '어떻게 하면 독자들이나 시청자들을 파악하고 더 깊이 있는 소통을 할 수 있을까' 고민하고 있었습니다. 저는 연예인이 아니기 때문에, 콘서트 티켓이나 굿즈를 판매할 필요는 없습니다.

하지만 독자들과 한 걸음 더 나아가, '일'과 '인생'에 대한 의견을 교환할 수는 없을까 궁리했습니다. 피드백을 주실 정도로 깊이 있게 읽어주시는 열성 독자들이 모일 수 있는 커뮤니티를 만들고 싶어졌습니다.

당시, 독자들과의 유일한 대화 공간은 '세상(요노나카) 포럼'이었습니다. 자신의 실명을 밝히고 강연회에 와주신 분들, 제가 와다 중학교 교장으로 취임했을 때부터 '세상 수업'에 참여하셨던 분들, 그리고 나라의 이치조 고등학교까지 직접 찾아와주신 분들도 있었습니다. 참고로, 유튜브 채널에서 아무리 시청자가 늘어나도, 유튜버는 시청자의 개인 프로필을 알 수 없습니다. 개개인의 얼굴이 보이지 않는다는 것이지요.

그래서, 여러 회사로부터 '온라인 살롱을 만들어보시지 않겠어요?'라는 제안을 받았습니다. 최종적으로 선택한 것이 커뮤니티 구축을 지원하는 'OSIRO'였습니다. 저는 구체적인 협의를 위해 '세상(요노나카) net'을 제작·관리하는 사우전즈(Thousandz)의 센다 다카시(千田 隆) 씨와 함께 OSIRO를 방문해 이야기를 나누었고, 이 플랫폼을 통해 커뮤니티를 만들기로 결정했습니다.

그렇게 해서 탄생한 것이 바로 온라인 살롱 '조례만 하는 학교'입니다. OSIRO에서는 사토 유즈루(佐藤 譲) 프로듀서를 소개받았습니다. 사토 씨는 스튜디오 지브리 출신으로, 크리에이터들의 프로듀싱을 담당했습니다. 저는 그를 '조례만 하는 학교'의 교감으로 임명하고, 커뮤니케이션의 전반적인 질과 양의 관리를 부탁드렸습니다. 이렇게 해서,

2020년 11월, '조례만 하는 학교'가 개교했습니다. 교장은 저입니다.

　당시 제 나이는 65세였습니다. 일반적으로 정년 연장이 끝나는 타이밍이지요. 하지만 저는 지금까지 쌓아온 프로 경험을 바탕으로 새로운 커리어를 이어갈 수 있었습니다.

독특한
3가지 원칙

'조례만 하는 학교'는 약 200명이 다니는 '온라인 서당'입니다. 참가비(수업료라고 부르지는 않습니다)는 정기구독형으로 월 1,100엔(중·고등학교 학생은 보호자의 신용카드로 결제하면 550엔)이며, 누구나 입학할 수 있습니다. '조례만 하는 학교'에는 3가지 독특한 원칙이 있습니다.

첫 번째, 입학, 휴학, 결석, 퇴학은 수시로 가능하며 자유롭습니다.
언제든 입학할 수 있으며, 출석을 강요하지 않기 때문에 언제든지 휴학할 수도 있습니다. 퇴학당할 일도 없습니다. 다만 레드카드는 있습니다. '조례만 하는 학교'에서는 신문, TV 등의 미디어나 X(구 트위터) 같은 SNS와는 달리, 어떠한 발언을 해도 공격받지 않습니다. 하지만 다른 사람을 인신공격하거나, 누군가를 상처 입히는 행위, 또는 민폐를 끼치는 행위를 할 경우, 교장이 옐로카드를 꺼내며 엄중히 주의를 줍니다. 그럼에도 불구하고 계속해서 문제를 일으킬 경우, 자동적으로 레드카드가 주어지며, 해당 계정은 삭제됩니다. 하지만 현재 개교 4년 차가 되었음에도 아직 레드카드를 받은 사람은 없습니다.

두 번째, 학생이 곧 선생님이며 서로의 게시글을 통해 함께 배워나갑니다.

'조례만 하는 학교'에는 교장이나 강사가 진행하는 '조례', 다양한 주제의 '강좌', 학생들이 자유롭게 작성하는 '블로그'가 있습니다. 이 모든 게시물에는 댓글을 달 수 있으며 많은 사람들이 활발하게 글을 올리고 있습니다. 특히 표현력, 사고력, 판단력이 매우 뛰어납니다. 처음에는 글을 잘 쓰지 못했던 사람도, 꾸준히 게시글을 올리면서 점점 언어 능력이 향상되고 있습니다.

즉, 선생님이 되어 가르치기도 하고, 학생이 되어 배우기도 하는 '학생 = 선생님'이라는 구조입니다. 선생님이 무조건 가르치기만 하는 일방적인 강의가 아니라, 학생들끼리 서로 가르치고 배우는 다이나믹한 교실인 것입니다. 이러한 교실이 있어도 좋을 것 같아서 실시한 것인데 편집공학연구소의 마쓰오카 세이고(松岡 正剛) 씨에게 물어보았더니 에도 시대의 서당(寺子屋, 테라코야)도 이와 같은 방식이었다고 하네요.

'조례만 하는 학교'를 온라인 서당이라고 하는 까닭은 그러한 연유에서입니다. 학생들이 올리는 블로그에서는 안락사, 간병, 자살 등 어려운 문제에 대한 자신의 경험을 공유하기도 합니다. 이것은 공부가 될 뿐만 아니라, 서로에게 큰 자극이 되지요.

처음 개교했을 때, 학생과 선생님의 연령층은 중학생부터 80대까지였습니다. 현재는 초등학교 2학년 여자아이가 최연소 학생이며, 가끔 블로그를 올리거나 게시글을 작성하기도 합니다. 주된 연령층은 한창 자녀 교육에 힘쓰고 있는 45~55세의 어른들입니다. 또한, Zoom을 활용한 온라인 미팅, 식사 모임, 캠프 등도 활발하게 열리고 있습니다.

세 번째, '정보 편집력'을 갈고닦으며, '희소성'을 높이기 위해 '그다음 1만 시간'을 투자하는 사람들의 커뮤니티입니다.

조례만 하는 학교의 학생들 중에는 '세 번째 발'을 내딛기 위해 도전하는 사람들이 많으며 서로가 서로에게 자극이 됩니다. 앞에서 소개한 사토 유즈루 씨는 현재 1만 시간을 투자해 '인형극 배우'를 목표로 삼고 있습니다.

또한, 자연스럽게 독서 애호가들이 모이면서 수준 높은 독서 모임과도 같은 분위기가 형성되기 시작했습니다. 제가 '올해 상반기에 본 책이나 영화 중에서 추천할 만한 것을 소개해주세요'라고 요청하면, 정말 많은 게시글이 올라옵니다.

앞에서도 말했듯이, 저는 33세부터 약 4,000권의 책을 읽어왔는데 이 커뮤니티 덕분에 제 독서 패턴이 바뀌었습니다. '이 책, 정말 좋았어요!'라는 추천 글을 보고, 이전에는 선택하지 않았을 법한 책에도 손을 뻗게 된 것입니다. 정말 신기하게도 실패가 거의 없습니다. 정말 많은 자극을 받고 있습니다.

이처럼 '조례만 하는 학교'는 인생에 관한 이야기를 함께 나눌 수 있는 커뮤니티로 성장했으며, 지금도 계속해서 성장해나가고 있습니다. 관심 있으신 분들은 아래 링크를 확인해주시기 바랍니다.

'조례만 하는 학교' 개교 1주년 기념 - 그 과거·현재·미래 모습에 대해서

앞으로 다가올 70대를 위해
후지산 가와구치호에서 '자리 잡기'를 계획하다

지금까지 저는 제 과거의 '자리 잡기'에 대해 이야기했습니다. 이번 장의 마지막에서는 제가 현재 생각하고 있는 미래의 '자리 잡기'에 대해 선보이려고 합니다.

'자리 잡기'는 단순히 그곳에 가기만 해서 되는 것은 아닙니다. 또한, 단순히 그 자리에 있기만 해서 되는 것도 아니지요. 그 장소에 진을 치고 '소용돌이'를 만들어 주변 사람들이 그 소용돌이에 휘말려 들게 만들어야 합니다. 거기서 끝이 아닙니다. 그런 다음에는 그들의 에너지가 지속해서 유입되도록 해야 합니다(자료 9). 즉, 그러한 커뮤니티를 형성하는 것이 중요합니다.

저는 이러한 작업을 새로운 장소에서 시도해보려고 합니다.
그곳이 바로 야마나시현의 가와구치호(河口湖)입니다. 저는 매년 여름, 아버지의 고향과 가까운 야마나시현(山梨県) 호쿠토시(北杜市)의 이즈미고(泉郷)에서 피서를 겸해 친구들과 테니스 합숙을 했습니다. 하지만 차로 편도 2시간 반이나 걸려서, 좀 더 가까운 장소를 찾던 중, 1시간 남짓이면 갈 수 있는 가와구치호를 발견하게 되었습니다.

자료 9. '소용돌이' 만들기

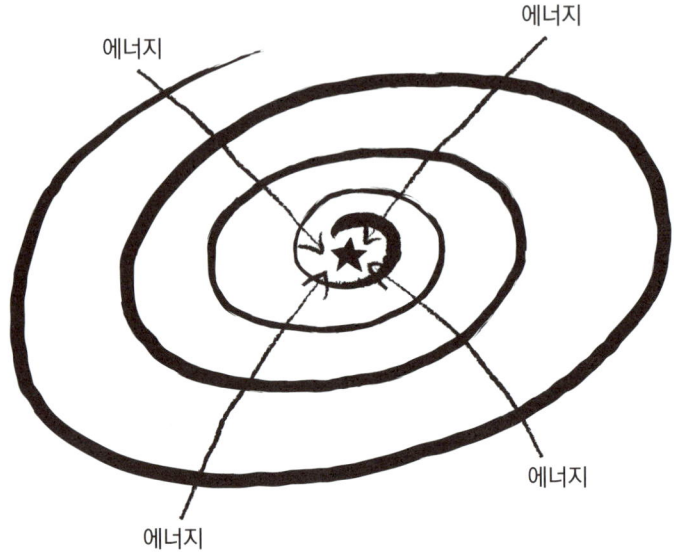

스스로 '소용돌이'를 만들어 다른 사람의 에너지를 끌어들인다.

가와구치호에서는 '가와구치호 음악과 숲의 미술관'의 오너인 히라바야시 요시히토(平林良仁) 씨를 알게 되었습니다.

자세한 내용은 CHAPTER 5에서 이야기하겠지만, 저는 그를 통해 후지산 등산 철도 프로젝트를 알게 되었습니다. 그리고 가와구치호의 호반(북쪽 기슭)에 문화 발신 거점을 조성하는 활동에 참여하게 되었고, 이곳을 70대 이후 10~20년 동안 제 '놀이의 장'으로 만들고자 생각했습니다. 많은 사람들이 모여드는 새로운 '자리 잡기'인 셈이지요.

하지만 테니스와 같은 단기간 체류만으로는 '자리 잡기'를 이뤄낼 수 없습니다. 소용돌이를 만들어내듯 커뮤니티를 형성하고, 지역 주민들을 끌어들이는 시도를 할 수 없기 때문입니다. 최소한 연간 30~50일은 머물러야 합니다. 30~50일 머물게 되면 소용돌이의 중심이 생겨날 가능성이 커지고, 그곳에서 지역 주민과 새로운 커뮤니티를 형성할 수 있습니다.

소용돌이를 만들기 위해 제가 실천하고 있는 5가지 행동을 소개하도록 하겠습니다.

첫 번째는 일입니다. 이것은 연결고리가 됩니다.
저는 강연과 연수 강사로 활동하고 있지만, 중·고등학교 수업과 대학교 강의도 무보수로 맡고 있습니다.
지난 1년간 JR 오쓰키(大月) 역에서 도보 7분 거리에 있는 야마나시현립 쓰루(都留) 고등학교에서 연간 21회 수업을 진행했는데, 다음 1년 동안은 가와구치호 및 후지산 주변의 중·고등학교에서도 이러한 시도를 해볼 수 있을지, 장기 체류가 가능할지를 야마나시현 교육위원회에 검토 요청한 상태입니다.

그 외에도, 아동문학 평론가인 아카기 간코(赤木 かん子, '조례만 있는 학교'의 학생이자 교사이기도 합니다) 씨와 함께 도서관 개혁에 힘쓰고, 지역 주민들과 지역 본부 등을 설립하며, 학교를 활성화하는 활동을 지도할 수 있습니다. 교육 개혁 실천가로서, 저에게 가장 중요한 일을 통해 지역과 연결될 수 있다면, 체류 일수도 늘어나고 지역과 관계를 맺는 방식도 변화되어갈 것입니다.

두 번째, 제트스키입니다.

저는 테니스나 골프뿐만 아니라, 다양한 여가 생활을 즐기고 싶다는 생각을 오래전부터 해왔고, 3년 전 가와구치호에서 제트스키 면허를 취득했습니다. 당시 함께 면허를 땄던 큰아들은 그 후 업무로 인해 미국 샌프란시스코에 가게 되었고, 결국 저는 함께 제트스키를 즐길 동료를 찾지 못해 면허 취득 후 한 번도 타보지 못한 신세가 되었습니다. 그래서 앞으로 2년 동안 가와구치호에서 함께 제트스키를 즐길 커뮤니티를 만들고 싶다는 바람입니다.

세 번째는 피클볼입니다.

이것은 탁구와 테니스를 합쳐서 반으로 나눈 듯한 새로운 스포츠입니다. 배드민턴과 동일한 크기의 코트에서 86cm의 낮은 네트를 사이에 두고 경기합니다. 첫 서브와 리턴은 반드시 원 바운드로 쳐야 하지만, 그 이후에는 공이 바닥에 닿기 전에 치는 것도 허용됩니다. 프로급 선수들의 경기는 박진감 넘치는 랠리가 펼쳐집니다. 테니스나 탁구에서는 볼 수 없는 새로운 광경이 연출되지요.

피클볼은 현재 미국 전역에서 셀럽들이 열광하는 스포츠입니다. 빌 게이츠(Bill Gates), 배우 레오나르도 디카프리오(Leonardo DiCaprio)도 피클볼의 팬이라고 하며, 테니스 선수 오사카 나오미(大坂なおみ)는 이 경기에 투자했다는 보도도 있었습니다. 저는 이 피클볼을 일본에 보급하는 데 기여하고 싶습니다. 그리고 그 거점을 가와구치호에 마련하고자 합니다.

네 번째, 클레이 사격입니다.

클레이 사격은 멀어져가는 표적을 맞히는 경기입니다. 저는 총기 소지 허가를 취득해 이 종목에 도전할 계획입니다. 다행히 가와구치호 근처에는 후지고코(富士五湖) 사격장이 있습니다. 참고로, 자동차 면허는 한번 취득하면 기본적으로 다시 학원에 가지 않아도 되지만, 클레이 사격은 면허를 딴 후에도 여러 번 연습장에 가서 배워야만 합니다. 따라서 집중적으로 방문하게 될 것이고, 현지에서 사격을 함께할 동료들도 생길 것이라고 생각합니다.

다섯 번째, 아트입니다.

가와구치호에는 과거 리크루트에서 함께 일했던 화가 스기야마 구니(杉山 邦) 씨가 살고 있습니다. 그는 이미 30년 이상 이곳에서 생활하고 있으며, 그의 아트 커뮤니티에 저도 참가하려고 합니다.

이 5가지 방법을 통해, 저는 가와구치호에도 저만의 거점을 만들어 소용돌이를 생성해 에너지를 모으고, 커뮤니티 만들기에 도전할 것입니다.

가와구치호는 리조트 지역이라 주말에는 사람들로 붐빕니다. 그래서 저는 금요일이나 토요일이 아닌, 일요일부터 목요일까지, 5일 동안 머무르려고 합니다. 만약 봄·여름·가을·겨울 중에서 6주를 가게 되면 총 30일, 10주일 경우 50일이 됩니다. 이렇게 장기간 확실하게 머물면서 소용돌이 만들기에 도전할 수 있습니다. 서로 다른 사물이나 사건, 사람을 연결하는 것도 가능해질 것입니다.

이것이 제 다음번 '자리 잡기'에 관한 내용입니다. 저는 지금까지 도쿄, 나라, 런던, 파리에서 생활한 경험이 있지만, 후지산에서 가와구치 호로 이어지는 이 라인을 제 인생의 또 다른 보조선으로 삼아, 70대, 80대 이후에도 계속해서 이동 거리가 긴 사람이 되고자 궁리하고 있습니다. 앞서 이야기한 것처럼, 이동 거리가 길수록 이를 통해 받는 자극도 많아집니다. 이 모든 것들은 70대 이후에도 풍요로운 삶으로 이어질 테니까요.

CHAPTER

4

인간의
그릇을
키우려면?

'자리 잡기'를 하려면 곧바로 열매(성과)를 거두려고 해서는 안 됩니다. 또한, 실패나 좌절을 두려워하지 마시기를 바랍니다. 갑작스럽게 큰 열매를 얻을 수는 없으며, 리스크를 감수하지 않으면 리턴은 없기 때문입니다.

그렇다면 이를 위해서는 무엇을 해야 할까요? 바로 인간의 그릇을 키워야 합니다. 그릇이 크다면 실패나 좌절을 두려워하지 않게 되고, 많은 사람들의 신뢰를 얻어 어려운 상황에서도 도움을 받을 수 있습니다. 애초에 교육은 인간의 그릇을 넓히기 위해 존재하는 것입니다. 그리고 인생의 목적은 그 그릇을 키워나가는 것이라고 저는 생각합니다.

이번 장에서는 인간의 그릇을 키우는 방법에 대해 다루고자 합니다. 미리 말씀드리지만, 필자인 저도 아직 그릇의 높이와 깊이가 어중간하며, 더 커지기 위해 계속해서 도전하는 중입니다.

인생의
에너지 곡선

    제가 진행하는 라이브 강연에서는 종종 참가자들에게 그림을 그려 보도록 하고 있습니다. 바로 '인생의 에너지 곡선'입니다.

    여러분도 지금까지 살아오면서 여러 가지 우여곡절을 겪으셨을 것입니다. 좋은 추억도 있고, 그다지 떠올리고 싶지 않은 경험도 있으며, 인생의 전환점이 된 사건 등 다양한 일이 있었겠지요. 그때마다 여러분의 '인생의 에너지'는 오르락내리락했을 것입니다. 이것을 하나의 그래프로 표현해보는 것입니다.

    가로축은 인생의 발걸음(라이프 사이클)을, 세로축은 에너지 레벨을 나타냅니다. 그래프의 왼쪽 하단을 0세, 즉 인생의 시작이라고 했을 때, 여러분은 어떤 곡선을 그리게 될까요?

    〈자료 10〉은 제 인생의 에너지 곡선입니다. 초등학교 때 상승하고, 고등학교 때 다시 상승하며, 리크루트 입사했을 때도 상승하고, 와다 중학교 교장 취임 때도 상승했습니다. 한편, '골짜기'도 있습니다.

    중학교 시절에는 곤두박질쳤고, 대학에 입학했을 무렵에는 최악의 환경 부적응을 경험하며 바닥을 쳤습니다. 취직 후 그래프는 반전해 다시 상승 곡선을 그렸지만, 30세 때 메니에르병이 발병했지요. 승진도 하고, 연봉도 오르고, 부하 직원이 300명으로 늘어나면서 순풍에 돛 단 듯 착착 순항하던 중이었는데, 갑자기 어지럼증이 찾아와 쓰러지고 만 것입니다.

잘 살펴보면, 인생의 에너지 곡선이 상승하기 전에 반드시 '골짜기'가 존재한다는 것을 알 수 있습니다. 즉, 마이너스는 그 후에 반전되어 플러스로 작용하는 것입니다. 다시 말하자면, 직전의 골짜기가 깊을수록, 그 후의 산은 더 높아집니다. 저는 이를 가리켜 '입사각·반사각의 법칙'이라고 부릅니다. '입사각이 가팔라질수록 반사각도 가팔라진다'는 뜻입니다. 한껏 가라앉으면, 그만큼 강하게 튀어 올라 반등할 수 있습니다. 따라서 큰 반등(리턴)을 얻고 싶다면, 큰 리스크에 도전해야 합니다.

예를 들어, 벤처기업에 입사하는 것은 리스크일 수 있습니다. 하지만 오히려 열정적으로 일할 기회를 얻어 크게 성장할 수도 있지요. 회사가 상장하고 스톡옵션을 받게 된다면, 막대한 자산을 형성할 수 있을지도 모릅니다. 지금까지의 인생을 돌아보면, 저는 여러 힘든 경험을 했지만, 그만큼 좋았던 경험도 많았습니다. 아니, 솔직히 말하자면 그야말로 최고의 순간들이었습니다. 마이너스(골짜기)를 두려워하면, 플러스(산)도 없습니다.

누구나 가급적 골짜기는 피하고 싶어지기 마련입니다. 하지만 조금

자료 10. 후지하라 가즈히로의 에너지 곡선

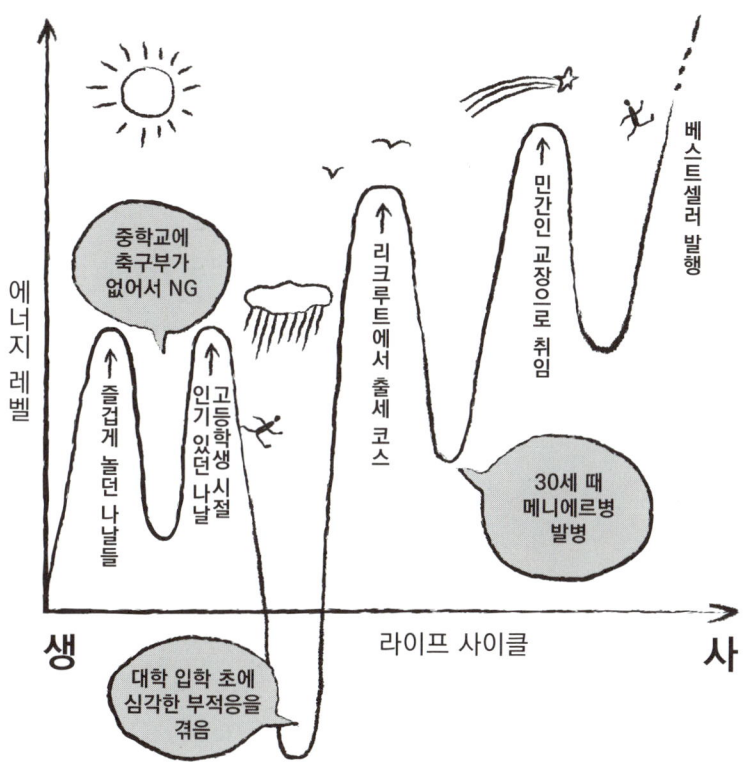

만 생각해보면, 산을 계속해서 오르는, 즉 계속해서 상승하기만 하는 인생이란 존재할 수 없다는 것을 알 수 있습니다.

그런 의미에서 저에게 가장 슬픈 인생이란, 골짜기도 없고, 산도 없는 인생입니다. 골짜기가 적더라도 산도 낮다면 그 인생은 재미없을 것입니다. 큰 산을 오르고 싶다면, 큰 골짜기도 경험해야 합니다. 힘들지만, 자신을 단련할 기회이기도 합니다. 또한, 인간의 그릇을 키워주는 귀중한 기회이기도 합니다.

나이가 들수록, '이제 산에 오르지 않아도 좋으니 골짜기만큼은 피하고 싶다', '지금 이 상태를 유지하는 것으로도 충분하다'라고 생각하시는 분들도 계실 것입니다. 하지만 골짜기가 두렵다고 아무것도 하지 않는 사이에 성장의 기회를 놓쳐서 결국 하강 곡선을 그리며 벼랑 끝까지 몰리는 경우도 있습니다. 어쩌면 오늘날의 일본 사회가 그러할지도 모릅니다.

개인도 마찬가지입니다. 내 인생에 골짜기는 없다고 착각하고 있다가, 사실은 인생 자체가 서서히 무너지고 있는 상황에 직면할 수도 있습니다.

상대를 끌어당기는 요소는 '골짜기'와 '전환점'

인생은 크레딧 게임입니다. 여기서 크레딧(Credit)이란, '신용', 즉 타인으로부터 받는 신임의 총량을 의미합니다. 그리고 타인으로부터 받는 신임은 '신뢰'와 '공감'의 함수라고 할 수 있습니다.

예를 들어, 좋은 성과를 냈다, 신규 사업을 성공적으로 착수했다, 이러한 것들은 타인의 신뢰를 얻는 요소가 됩니다. 즉, 우리에게 '산'인 셈이지요. 반면, 공감의 요소는 '산'이 아니라 '골짜기'입니다. 좌절, 실패, 병환 등 마이너스 상태일 때 오히려 상대방의 공감을 더 강하게 얻을 수 있습니다.

인생을 한 권의 책이라고 가정해봅시다. 독자들은 어디에서 감동할까요? '산'과 같은 성공 체험이나 자기 자랑에 관한 이야기보다는 실패나 좌절, 병환과 같은 '골짜기' 그리고 그곳에서 살아 돌아오는 '전환' 부분일 것입니다. 다시 말하자면, 골짜기가 있기 때문에, 혹은 그 골짜기가 깊을수록, 산은 더욱 빛나 보이고 감동을 불러일으키는 셈이지요.

이는 영화에서도 마찬가지입니다. 〈스타워즈〉의 주인공 '루크 스카이워커'는 '한 솔로'와 만나고, C-3PO와도 만나며, 지혜로운 현자 요다도 만납니다. 그리고 이들을 통해 여러 가지를 배우는 한편, 주인공 앞에는 좌절과 실패도 기다리고 있습니다. 다스 베이더도 등장하고, 여러 사건도 발생합니다. 그리고 마지막에는 레아 공주를 데리고 고향으로 돌아오지요. 즉, '골짜기'와 '전환'이라는 요소가 있기 때문에 많은 사람들이 열광하는 것입니다.

여러분이 '자리 잡기'에 대해 생각할 때도, 골짜기는 큰 영향을 미칩니다. 골짜기는 자산이 되기 때문입니다. 그리고 그것은 인생의 후반부에 틀림없이 그 존재감을 드러낼 것입니다.

여러분의 인생 전반부에는 이야기할 만한 실패나 좌절이 있었나요? 그것은 어떠한 것이었는지, 구체적으로 깊이 파고들어보시기 바랍니다. 아마 여러분들이 주변으로부터 공감과 신임을 얻게 되는 큰 재료가 될 것입니다. 만약 '나는 그다지 큰 골짜기가 없었다'라고 생각하시는 분들은 지금부터라도 실패나 좌절을 경험해보는 편이 좋습니다. 실패와 좌절을 두려워하지 마시기를 바랍니다. 그것은 무엇보다 인간으로서 여러분의 그릇을 확실하게 성장시켜줄 것입니다.

신용 있는 사람의
10가지 조건

그렇다면, 신용 있는 사람이란 구체적으로 어떤 사람일까요? 먼저, 8가지 예를 들어보겠습니다.

① 인사를 잘한다
② 약속을 지킨다
③ 오래된 물건을 소중히 사용한다
④ 다른 사람의 말을 경청할 줄 안다
⑤ 논리적이며 일관성이 있다
⑥ 앞을 내다보고 행동한다
⑦ 다른 사람의 입장에서 생각한다
⑧ 자신의 감정과 생각을 표현할 수 있다

당연한 것들뿐입니다. 하지만 이 당연한 것들을 제대로 실천하는 사람은 그다지 많지 않습니다. 또는, 어떨 때는 다른 사람의 입장에서 생각하지만 다른 때는 고려하지 않는 등 일관성이 부족한 경우가 많습니다. 이렇듯 한결같지 않은 사람은 신용을 얻기 어렵습니다. 반대로 말하면, 위의 사항들을 철저히 지키면 자연스럽게 신용(크레딧)이 쌓이게 됩니다.

그런데 왜 먼저 8가지를 제시했을까요? 이러한 10가지 조항을 만들 경우, 처음에 12가지를 정한 후 2가지를 줄여서 10가지로 만드는 방법도 있습니다. 하지만 저는 그러면 많은 사람들이 쉽게 납득하지 못할 것이라고 생각합니다. 10가지 조항이라면 먼저 100가지 정도 나열한 후, 거기서 추려야 설득력이 생겨나지 않을까요?

하지만 이번 경우는 조금 다릅니다. 남은 2가지는 반대로 '신용 없는 사람의 10가지 조항'을 생각해본 다음 이를 통해 도출했습니다. 그 2가지 내용은 다음과 같습니다.

⑨ 떳떳함이 있다
⑩ 감사와 공경하는 마음을 지닌다

이 2가지는 앞선 8가지보다 더 어려울 수도 있습니다. 하지만, 이 2가지를 갖추게 되면, 인간의 그릇은 더욱 커집니다.

인간의 그릇은
다이아몬드!?

'인간의 그릇'이라고 하면 많은 사람들이 찻잔이나 항아리 같은 도자기 그릇을 떠올리는 듯합니다. 하지만 그런 이미지를 떠올리면 어디를 어떻게 키워야 할지 막연해집니다. 두께를 늘려야 할지, 깊이를 키워야 할지…. 게다가 너무 두꺼우면 구울 때 깨질 수도 있고, 너무 깊으면 오히려 그릇의 용도로 사용하기 어려워집니다.

제가 제시하는 '인간의 그릇'은 〈자료 5〉에서 제시한 '커리어의 대삼각형'의 완성형(삼각뿔)을 위아래로 연결한 다이아몬드 같은 입체 형태입니다(자료 11).

CHAPTER 2에서는 '커리어의 대삼각형'을 다음과 같이 설명했습니다.

'첫 번째 발'에서 발판을 만들고, '두 번째 발'에서 밑변을 형성하며, '세 번째 발'에서 삼각형을 완성합니다. 그리고 이 세 번째 발에서는 크게 도약해 삼각형의 면적을 넓힙니다. 왜냐하면, 면적의 크기야말로 희소성의 크기이며, 희소성이 커질수록 인재로서의 가치도 높아지기

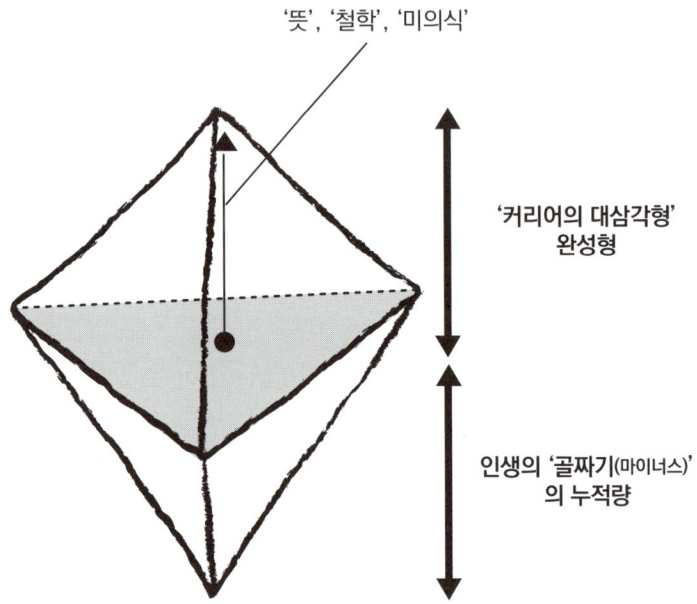

자료 11. 인간의 그릇

'뜻', '철학', '미의식'

'커리어의 대삼각형' 완성형

인생의 '골짜기(마이너스)'의 누적량

때문입니다.

 하지만 인간의 그릇이란 면을 고려해볼 때, 여기서 끝나서는 안 됩니다. '커리어의 대삼각형'을 입체화, 즉 3D로 확장해야 합니다. 구체적으로는 밑면이 되는 삼각형의 중심에서 '높이'를 확장시켜 삼각뿔을 만드는 것이지요. 여기서 밑면인 삼각형의 크기는 희소성의 크기를 의미하지만, 삼각뿔의 부피는 '신용'을 나타냅니다. 앞서 언급한 크레딧, 즉 타인이 부여한 신임의 총량입니다. 이 신임의 총량 중 일부를 떼어낸 것, 즉 크레딧을 현금화한 부분이 보수입니다.

예를 들어, 신임의 총량이 1억 엔인 사람이 있다고 가정해봅시다. 만약 그의 보수가 3,000만 엔이라면 7,000만 엔이 남습니다. 이것이 곧 인생의 자유도(여유)입니다.

〈자료 11〉의 위쪽 삼각뿔이 '커리어의 대삼각형'을 3D화한 것이라면, 아래쪽 삼각뿔은 인생에서 '골짜기(마이너스)'를 축적한 경험량입니다. 큰 골짜기를 경험할수록, 삼각뿔의 깊이는 깊어지고, 전체 부피도 커집니다. 즉, 인간으로서의 깊이가 더해지는 것이지요. 인간적인 매력이 넘치는 사람은 단순히 위쪽이 높은 것이 아니라, 아래쪽도 깊습니다. 바로 이것이 '인간으로서 그릇이 크다'라는 의미입니다.

단순히 '커리어의 대삼각형'의 면적을 키우는 것만으로는 신용은 커지지 않습니다. 입체화된 삼각뿔을 크게 만드는 것이야말로 신용을 확대하고 인생의 잠재력을 더욱 크게 만드는 길입니다. 유명인을 예로 들어 설명해보겠습니다.

호리에 다카후미 씨의 사례

먼저, '호리에몬'으로 알려진 호리에 다카후미(堀江 貴文) 씨입니다. 미리 말씀드리지만, 어디까지나 제 개인적인 견해입니다. 그의 '커리어의 대삼각형'의 밑변을 이루는 것은 IT와 투자일 것입니다. IT 분야에서 창업했고, 자신의 회사 라이브도어를 상장시켰으며, 투자자로서도 상당한 기술을 연마해왔습니다.

그러던 중, 2009년 '라이브도어 사건(계열사를 통해 허위 정보를 유포해 주가 조작과 분식결산 등 부정 거래를 저지른 사건)'이 발생했습니다. 그에게 인생의 '골짜기'가 찾아온 것이었지요. 하지만 그는 이를 계기로 구치소에서 철학적인 성찰을 합니다. 많은 책을 읽었다고 합니다. 그 결실이 바로 그의 저서 《제로 - 아무것도 없는 나에게 작은 하나를 더해간다》*이며, 이는 베스트셀러가 되었습니다.

이것이 큰 도약(산)이 되었고, 그 결과 논평가 및 평론가로서의 길이 열리어 그는 더욱 큰 삼각형을 구축할 수 있었습니다. 그리고 이러한

---

* 한국에서는 2014년 크리스마스북스에서 출간, 현재 절판 상태

대삼각형 위에 '높이'를 더해 삼각뿔을 쌓아올리려고 했습니다. 바로 '우주로 향하는' 미션을 통해서지요. 그는 액체 연료 로켓 개발을 담당하는 '인터스텔라 테크놀로지스(Interstellar Technologies)'를 설립해 로켓을 지속적으로 쏘아 올리고 있습니다.

또한, 최고급 와규(일본산 소고기)를 취급하는 'WAGYUMAFIA'를 설립해 일본 음식 문화의 훌륭함을 전 세계에 알리고 있습니다.

삼각뿔을 구축하는 데 중요한 것은 '어디서 돈을 벌고, 어디에 투자할 것인지'입니다. 모든 포인트에서 '돈을 벌겠다'라는 사람은 성공하지 못할 확률이 높습니다. 그 이유는 단순합니다. 사람들은 '이익'만 집착하는 사람을 응원해주지 않기 때문이지요. 그러면 주변으로부터 에너지를 모을 수 없게 됩니다.

호리에 씨는 투자자로서도 수익을 올리고 있는 것처럼 보이지만, 그 수익을 그저 쌓아두는 것이 아니라 로켓 사업에 쏟아붓고 있습니다. '민간 기업도 우주에 갈 수 있다', 그런 거대한 꿈을 그리고 있기 때문에, 많은 사람들의 지지를 받는 것일 테지요.

솔직히 말해, 현재 시점에서 로켓 사업이 수익을 내고 있을 것 같지는 않습니다. 어쩌면 손해를 감수하더라도 우주를 향한 꿈을 계속해서 쫓아가려는 것일지도 모릅니다. 현재 우주 비즈니스를 추진하고 있는 것은 테슬라 회장인 일론 머스크(Elon Musk)와 아마존 창업자인 제프 베이조스(Jeff Bezos), 버진 그룹 창업자인 리처드 브랜슨(Richard Branson) 등으로, 모두 세계적인 기업가들뿐이지요.

그런데 일본에서 이처럼 두드러지는 존재는 호리에 씨 정도입니다. 따라서 호리에 씨에게는 우주에 관한 최첨단 정보가 집중될 수밖에 없습니다. 그는 본래부터 유일무이한(Only One) 존재였지만, 더욱더 희소성을 높이고 있는 셈입니다.

니시노 아키히로 씨의 사례

다음은 일본의 개그 콤비 킹콩의 니시노 아키히로(西野 亮廣) 씨에 대해 알아봅시다.

니시노 씨는 개그맨으로 커리어를 시작했습니다. 이후 두각을 드러냈으며, 여기에 그림책 작가라는 커리어가 추가되면서 '커리어의 대삼각형'의 밑변을 더욱 단단히 다졌습니다.

그는 개그맨으로서 좀처럼 실력이 늘지 않아 고민하고 있을 무렵에 타모리(タモリ, 개그맨이자 일본의 국민 MC) 씨로부터 "너, 그림을 그려봐"라는 조언을 받았다고 합니다. 그래서 그는 0.03mm의 검은 볼펜으로 세밀화를 그리기 시작했다고 합니다. 제가 좋아하는 초기 작품인 'Dr. 잉크의 별하늘 시네마'와 '오르골 월드'(모두 겐토샤 출판) 등은 한 페이지를 그리는 데 한 달이 걸릴 정도였다고 합니다. 그만큼 그의 예술성이 뛰어나다는 것을 알 수 있지요.

그 후로 그는 온라인 살롱 '니시노 아키히로 엔터테인먼트 연구소'를 열었습니다. 이 커뮤니티는 2024년 3월 기준, 회원 수가 3만 5,000명을 넘어서며 일본에서 가장 큰 규모의 온라인 모임이 되었습니다. 즉, 자신에게 에너지가 모이는 시스템을 구축한 것입니다.

이러한 시스템을 만들었기 때문에 이후에 다양한 전개를 펼칠 수 있게 되었습니다. 그의 그림책이 영화화되었고, 다양한 유명인들과의 협업도 성사되었습니다. 그리고 그는 삼각뿔의 '높이'를 만들기 위해 '디즈니를 넘어서겠다'라고 선언했습니다. 보통은 이런 무모해 보이는 발언을 하는 사람은 흔치 않지요.

하지만 그렇기 때문에 모두가 응원하고, 세계 무대에서 경쟁할 수 있는 일본발 엔터테인먼트에 공감하는 것입니다. 그는 그림책이든, 영화든 관련된 자금을 크라우드 펀딩을 통해 조달하고 있습니다. 그의 희소성과 거대한 꿈에 많은 사람들이 매력을 느끼는 것입니다. 사람들은 자주 '돈이 없어서 할 수 없다'라고 말하고는 합니다. 하지만 자금을 금융기관에서만 빌리는 시대는 지났습니다. '커리어의 대삼각형'을 제대로 구축하고 희소성을 확보하면, 자금은 자연스럽게 따라오게 됩니다.

필요한 것은
'뜻', '철학', '미의식'

　호리에 씨와 니시노 씨의 사례를 통해 알 수 있듯이, 삼각뿔의 '높이'는 단순한 직업적 성공이나 돈벌이를 통해 생겨나지 않습니다. 단순히 돈을 벌기만 했다면, 이 두 사람은 지금처럼 많은 지지자와 팬을 얻지 못했을 것입니다. 물론, 지속적으로 수익을 창출하는 것도 중요하지만, 그와는 별개의 새로운 도전을 하고 있습니다. 이러한 도전이 '높이'가 되어 삼각뿔의 부피를 더욱 크게 만들어줍니다. 즉, 필요한 것은 '뜻(志)'과 '철학(哲学)', 그리고 '미의식(美意識)'입니다. 다행스럽게도, 저 역시 지금까지 다양한 활동을 통해 많은 분들의 응원과 지원을 받았습니다. 그것은 제가 목표로 삼은 '뜻'에 높이가 있었기 때문이라고 생각합니다.

　제 경우, 리크루트에서의 영업 및 관리 실적이 '커리어의 대삼각형'의 밑변이 되었고, 중학교의 민간인 교장으로 취임했던 '세 번째 발걸음'이 큰 꼭짓점을 찍어 결과적으로 삼각형의 면적이 넓어지게 되었습니다. 앞서 말씀드린 것처럼, 유치원이나 초등학교의 교장, 혹은 대학 총장을 맡아달라는 제안이 온다면, 무보수로라도 기꺼이 수락할 것입니다. 실제로, 요청으로 무사시노 대학 기업가정신(Entrepreneurship)

학부 학생들에게 강의를 하고 있지만 강의료를 받지 않고 있습니다.

왜냐하면, 굳이 그곳에서 돈을 벌 필요가 없기 때문입니다. 제 주요 수입원은 강연 활동입니다. 따라서, 책을 출간하는 것도 인세가 목적이 아닙니다. 그보다는 다양한 사람들과 협업하며 새로운 일들을 만들어가는 것이 더 즐겁습니다. 때로는 제 인세율을 낮추고, 협업하는 분들에게 더 많은 몫을 돌리기도 합니다. '조례만 하는 학교'도 돈을 벌기 위해 운영하는 것이 아닙니다. 금전적으로 여유가 생기면, 그 자금을 재투자해 더 나은 시스템으로 바꾸고자 합니다.

'어디에서 돈을 벌고, 어디에 투자(혹은 무상으로 공헌)할 것인가?'
앞서 언급했듯이, 40대 이후에는 이 점이 더욱 중요해질 것입니다. 즉, '높이'를 만들어가는 행동이 핵심인 셈이지요.

저에게 이러한 동기를 부여하는 미션 중 하나는 이 책의 서두에서 설명했던 이 사회의 위태로움을 더 많은 젊은 사람들이 깨닫게 하는 일입니다. 자율주행 모드를 해제하고, 스스로 직접 운전하도록 합시다. 즉, 자신이 가고 싶은 곳을 스스로 운전해서 나아가야 한다는 제안입니다.

또 다른 미션은 학교 교육을 변화시키는 것입니다. 교육이야말로 사람을 성장시키는 기본입니다. 하지만 안타깝게도, 일본의 학교 교육은 전후 50년 동안 오직 대량생산하는 회사에서 일할 노동자를 대량으로 육성하는 데 집중해왔습니다. 이는 개개인을 성장시키기보다는, 소비자로서의 역할을 강조해왔다는 측면이 강합니다.

이 흐름을 반대로 바꾸고 싶습니다. 저는 여러분들이 개인으로서 각성하셨으면 좋겠습니다. 그것이 성숙한 사회에서 행복으로 나아가는 방법이라고 생각하기 때문입니다. '조례만 하는 학교'도 이러한 목표의 일환입니다.

일본 내에서 뿐만이 아닙니다. 2020년, 저는 동료들과 함께 동남아시아 라오스에 학교를 설립했습니다. 일본에서 기부금을 모아 학교를 건립하면, 해당 학교는 현지 공립학교가 됩니다. 이는 일본과의 우호관계를 더욱 돈독하게 만들기 위한 '평화를 위한 투자'입니다. 니시노 아키히로 씨 역시 이 취지에 공감해 함께 협력해주셨습니다.

60세 이후에는
젊은 사람들의 도전에 투자하자

　많은 독자에게는 조금 먼 이야기일 수도 있지만, 인간의 그릇을 키우는 노력은 60세가 넘어서도 계속됩니다. 그것이 인생을 충실하게 만드는 길이기 때문입니다.
　하지만 60대 이후에는 젊었을 때처럼 적극적으로 움직이는 것이 점점 어려워집니다. 그래서 추천하는 것이 젊은 사람들의 도전에 투자하는 것입니다.

　'70세, 80세가 되어도 충실한 나날을 보내고 싶다', '젊은 사람들과 함께 일하거나 어울리고 싶다'라고 생각한다면, 이러한 투자는 필수적입니다. 표현이 조금 거칠 수도 있지만, 젊은 사람들이 '신경 써주도록' 미끼를 뿌리는 것입니다. 의사나 변호사처럼 평생 지속되는 국가 자격증을 가진 사람들은 나이가 들수록 전문 기술이 쌓이고 깊이가 더해지기 때문에 이런 고민이 필요 없을지도 모릅니다. 젊은 사람들도 뛰어난 기술과 원숙미가 더해진 인품을 존경할 테지요. 하지만 어중간한 엔지니어나 화이트칼라 직군은 그렇지 않습니다.

　앞서 언급했듯이 '과장직이나 부장직을 맡을 수 있다' 수준으로는 젊은 사람들의 반응을 이끌어낼 수 없습니다. 또한, '전에는 회사에서 이사직을 맡았었다'라며 과거의 직함을 과시하는 사람에게는 경멸하는 시선을 보낼지도 모릅니다. 설령 사장이었다고 해도, 오너 사장이 아니라 전직 계약직 사장이었다면 젊은 사람들이 관계를 맺고 싶어 할 만한 큰 메리트는 존재하지 않습니다.

만약 여러분이 인생의 소비기한을 늘리고, 젊은 사람들로부터 에너지를 얻고 싶다면 자신에게 여유가 있을 때 젊은 사람들에게 투자할 필요가 있습니다. 저도 젊은 사람들에게 투자하고 있습니다. 예를 들어, 사회적 기업가 마키우라 도가(牧浦 土雅) 씨입니다. 그는 제가 교장으로 있었던 와다 중학교에서 영국의 보딩 스쿨(전원 기숙사 학교)로 유학한 뒤, 브리스틀 대학교에 진학했습니다. 대학교를 중퇴한 후에는 아프리카에서 국제 협력 기관과 농민을 연결하는 프로젝트에 참여했습니다. 현재는 아프리카 가나에서 영농 지도 및 금융 지원 등 일본식 농업 협동조합을 DX(디지털 전환)화한 벤처기업 'Degas'를 창업, 미국의 투자자 피터 틸(Peter Thiel)에게도 인정받은 젊은 기업가입니다.

저는 그에게 방글라데시에서 영상 교육 사업을 창업해 가장 가난한 마을에서 방글라데시 최고 명문인 다카 대학교(Dhaka University) 합격자를 배출시킨 사이쇼 아츠요시(税所 篤快) 씨와 '스터디 서플리'를 탄생시킨 야마구치 후미히로(山口 文洋) 씨를 소개시켜줬습니다. 또한, 그가 회사를 창립할 당시 출자도 했지요.

또한, 스위스에 30년째 거주 중인 투자자 사토 다카시(佐藤 隆) 씨의 소개로, 인도의 벤처기업 DMI에도 투자하고 있습니다. 인도에서는 할부판매 금융업이 급속도로 성장하고 있으며, DMI는 AI가 개인별 대출 한도를 즉시 판단해주는 시스템을 개발했습니다. 현재 구글의 EC(전자상거래) 판매, 삼성의 핸드폰 판매 등에 폭넓은 서비스를 제공하는 성장 기업입니다.

제60세 환갑 기념 파티에서는 '휠체어 사장'으로 알려진 하루야마 미쓰루(春山 滿) 씨(CHAPTER 5에서도 언급)에게서 핸디 네트워크 인터내셔널(Handi Network International)을 물려받은 장남 데쓰로(哲朗) 대표, 게이오 대학교의 이와오 슌페이(岩尾 俊兵) 준교수, 대지진이 일어난지 얼마 되지 않아 일본으로 유학 온 네팔 출신 유학생 지갱 쿠마르 타파(Jigyan Kumar Thapa) 씨(네팔 정부 공식 통역사) 등 유망한 젊은 인재들을 파티에 초청한 150명의 손님에게 소개하고 그들을 응원해줄 것을 약속받았습니다.

젊은 사람들과의 관계는 언제나 저에게 자극을 줍니다. 무엇보다 5년 후, 10년 후 그들이 어떻게 성장해 있을지, 어떤 일을 하고 있을지 무척 기대됩니다.

정보 편집력을 높이는 2가지 요소

　인간의 그릇을 키우려면 '커리어의 대삼각형'의 면적을 넓혀야 합니다. 또한 높이도 높일 필요가 있고요. 여기서 중요한 것이 몇 번이나 언급했던 '정보 편집력'입니다.
　거듭 설명하지만, 수학 문제를 빠르고 정확하게 푸는 능력이 '정보 처리력', 정답이 없거나, 복수의 정답이 존재하는 문제를 해결하는 능력이 '정보 편집력'입니다. 즉, 즉 정해진 답이 없는 문제에 대해 시행착오를 거치면서 창의적으로 '납득할 수 있는 해답'을 도출해내는 능력입니다.

　전자는 교과서를 마스터하는 등 정해진 공부를 반복적으로 학습하면서 기를 수 있지만, 후자는 그렇지 않습니다. 정답이 정해져 있지 않으며, 스스로 만들어가는 것이기 때문에 사물 간의 연결에 대한 이미지를 그려낼 수 있는 풍부한 상상력을 기를 필요가 있습니다. 이는 서로 이질적인 요소(사물, 사건, 사람)를 조합하고 연결하는 능력이기 때문입니다.
　이때 반드시 필요한 요소가 바로 '놀이'입니다.

보수적인 관료나 일 못하는 직장인들은 무언가를 고속으로 처리하는 정보 처리 능력은 빠를지 몰라도, 정보 편집력이 부족한 경우가 많습니다. 제가 40년 넘게 사회생활을 하며 관찰한 결과, 정보 편집력이 뛰어난 사람들은 다음과 같은 공통적인 특징을 갖고 있습니다.

① '유희심(재미를 추구하는 태도)'가 있으며 상상력이 풍부하다
② '전략성'이 있다

이 2가지 모두를 충족하는 사람은 '주도하는 측'이 될 수 있습니다. 앞에서도 언급한 '끌려가는 측', '규칙을 지키는 측'이 아니라 '주도하는 측' '규칙을 만들어내는 측'이 되는 것입니다. 그리고 이 2가지 요소는 '일을 잘하는 사람', '한 수 앞을 내다보는 사람', '예측이 잘 맞는 사람', '인망이 높은 사람', '리더십이 있는 사람', '매니지먼트를 잘하는 사람', '업계의 혁신가(이노베이터)로서 주변 사람들에게 인정받는 사람', '실제로 사회를 움직이는 사람', '운이 좋아 보이는 사람', '자신의 인생을 주체적으로 살아가는 사람'들의 공통된 특징이기도 합니다.

'유희심(遊戲心)'은 바꿔 말해, '게임 마인드'라고도 표현할 수 있습니다. 즉, 얼마나 재미를 느끼는지, 재미있다고 생각하는 일을 즉시 행동으로 옮길 수 있는지가 핵심입니다.

'전략성(戰略性)'은 노린 목표물은 절대로 벗어나지 않는 감각을 말합니다. 목표와 비전을 실현하려면, 일단 행동을 시작하고, 끊임없이 수정하는 끈질김이 필요합니다. 이를 위해서는 다양한 자원을 효과적으로 편집하는 능력이 요구됩니다.

정보 편집력은 다양한 놀이와 경험을 통해 길러집니다.

10살 무렵까지 열심히 놀았던 경험이 그 기초를 형성하는 것이지요. 따라서 아이들은 적어도 초등학교 3~4학년까지는 마음껏 놀게 하는 편이 좋습니다.

사고 정지 상태에 빠지지 않기 위해

CHAPTER 1에서 '정보 처리력'을 직소퍼즐, '정보 편집력'을 레고에 비유했었습니다. 제 생각에 직소퍼즐은 정답주의적인 게임입니다. 이미 완성된 그림이 존재하며, 그 틀에 맞춰 퍼즐을 완성해나가지요. 반면, 레고는 정해진 틀이 없이, 자유롭게 만들어갈 수 있습니다. 자신의 상상에 따라 완성 형태가 달라지기 때문에 '세계관'을 구축하는 능력이 요구됩니다.

이제 '정답'이란 존재하지 않고, 납득할 수 있는 해답이 필요한 시대가 되었습니다. 정보 편집력이 더욱 중요해진 시대가 된 것입니다. 하지만 우리는 목표나 매뉴얼대로 움직이는 것은 잘하지만, 비전과 세계관을 창조하는 데에는 익숙하지 않습니다. 오히려 서투르지요. 그렇다면, 처음부터 완벽하게 할 필요는 없습니다. 일단 움직여보고 시행착오를 겪으며 점차 개선해나가면 됩니다. 그 결과, 처음에 구상했던 것과 전혀 다른 결과가 나와도 상관없습니다. 그러한 일은 실제로도 자주 일어나며 오히려 그런 과정을 거쳐야 '세 번째 발'에서 큰 도약을 할 수 있게 되는 것입니다.

하지만 아쉽게도 우리 사회에는 여전히 '정답주의'가 만연해 있습니다. 예를 들어, 핸드메이드를 즐길 수 있는 도구나 부품을 판매하는 DIY 가게에는 이미 만들어진 완성품(정답)을 찾는 소비자들이 적지 않다고 합니다. 자신만의 오리지널 작품을 만들고 그것을 즐기는 것이 아니라, 가게 주인이 만든 모델을 구매하는 것으로 만족하는 것이지요. 사고가 정지해버리는 것입니다.

또 다른 알기 쉬운 예를 들어보지요. 레스토랑을 선택하는 경우입니다. 많은 사람들이 '미슐랭 가이드'나 맛집 블로그들을 보고 가게를 선택합니다. 이러한 행위는 자신의 판단에 의해 가게를 선택하는 것처럼 느껴지지만, 사실은 다른 사람의 평가에 휘둘리고 있을 뿐입니다. 즉, 누군가가 만든 규칙에 의해 움직이고 있는 것이지요.

20대나 30대에는 이런 방식으로 음식에 대한 경험을 쌓는 것도 나쁘지 않습니다. 하지만 40대가 되면 방침을 바꾸는 것이 좋습니다. 예를 들어, 마음에 드는 하나의 가게를 100번이나 방문해 내가 그 가게를 번창시킬 것이라는 의지를 가져보면 어떨까요? 그러한 방식이 더 재미있을 뿐만 아니라, 가게에서 중요한 고객으로 대우받을 수 있습니다.

이것들은 몇 가지 단편적인 예시에 불과하지만, 사고방식을 살짝 전환하기만 해도 정보 편집력은 향상됩니다. '유희심'과 '전략성', 이 2가지를 항상 의식하도록 합시다. 그것이 삼각뿔을 넓히고, 인간의 그릇을 키우는 길로 이어질 테니까요.

CHAPTER

5

운을
내 편으로
만들기 위해서는?

저는 지금까지의 저서나 강연에서 '운'에 대해 언급한 적이 없습니다. 하지만 '자리 잡기' 측면에서 운은 매우 큰 비중을 차지합니다. '왜 그 회사에 들어갔는지', '왜 그 일을 선택했는지, 왜 그 사람을 만났는지…' 등, 이 모든 것에는 운이 크게 영향을 미치고, 작용하고 있습니다.

그렇다면, 운을 내 편으로 만드는 방법을 이야기할 필요가 있겠지요. 또한, 이것은 생성 AI에 대한 안티테제(antithesis, 정반대)이기도 합니다. 오늘날, 생성 AI를 활용하는 사람들이 늘어나면서 AI가 제시한 답변을 그대로 따라 하는 사람도 등장하고 있습니다. 이것은 '일본이라는 자동차'가 자율주행하는 수준을 넘어서는 문제입니다. AI가 결정한 대로 전개되는 하루하루, 그러한 인생이 과연 즐겁고 행복할까요?

이번 장에서는 운을 내 편으로 만드는 방법과 AI가 추구하는 합리성에 역행하는 접근 방식에 관해 이야기하도록 하겠습니다.

행동은 신속하게, 그리고 무수히 많이

운이 좋은 사람, 운을 끌어당기는 사람에게는 공통된 습관이 있습니다. 그것은 바로 신속하게 행동을 시작하고, 무수히 수정해나가는 것입니다. 하루에 한 번만 행동하는 사람과 100번 행동하는 사람(수정 행동 포함)을 비교해봅시다. 만약 행운이 모든 사람에게 100번 중 1번씩 공평하게 찾아온다고 했을 때 전자는 행운이 찾아오기까지 최대 100일이 걸리지만, 후자는 하루 만에 행운이 찾아오게 됩니다.

즉, 운을 끌어당기는 사람은 운이 오기만을 가만히 기다리는 것이 아니라, 적극적으로 행동하기 때문에 운이 찾아오는 것입니다. '충분히 분석한 후 단번에 맞히자'라는 사고방식은 '정답주의'입니다. 우리는 그것이 아니라 일단 해보고(한 걸음 내디디고) 점차 수정해나가는 '수정주의'가 필요합니다.

이를 위해 'DA·DA·DA' 방식으로 업무를 진행해봅시다.

업무를 정확하고 원활하게 진행하기 위해 자주 언급되는 개념이 'PDCA 사이클'입니다. 즉, 'Plan(계획)', 'Do(실행)', 'Check(평가)', 'Act(개선)'이라는 프로세스입니다. 이 순서대로 프로젝트를 진행하고, 개선이 끝나면 다시 계획으로 돌아가면 됩니다. 이러한 사이클을 반복 진행함으로써, 사업이나 프로젝트의 정밀도를 높여나가는 것이지요.

하지만 변화의 속도가 현격히 빨라진 오늘날 매번 PDCA 4단계를 진행했다가는 순식간에 이 세상에서 도태되어버릴지도 모릅니다. 그보다는 실행 즉시 개선하고, 개선책을 실행하면 또다시 즉각 개선하는 'Do·Act·Do·Act', 즉 'DA·DA·DA'라는 리듬으로 진행해야 합니다.

중요한 것은 일단 행동하는 것입니다. 행동하고 결과를 얻지 못하면 무엇을 수정해야 할지 알 수 없기 때문이지요. 정답이 없는 불투명한 시대이기 때문에 더욱더 'DA·DA·DA'가 중요한 것입니다. 비록 실패하더라도 바로 개선하면 큰 피해를 입을 일은 없을 것입니다. 어쨌든 중요한 것은 먼저 한 걸음 내딛는 것입니다.

상대를 웃게 만드는 사람에게
행운의 여신은 미소 짓는다

그렇다면 신속하게 행동을 시작한다는 것은 구체적으로 무엇을 의미하는 것일까요? 예를 들어, 관심 있는 인물이 어떤 성과물을 발표했을 때, 그 누구보다 먼저 피드백을 주는 것입니다.

제 경우, 지인이 책을 내면 출간과 동시에 구매한 다음 바로 집중해서 단숨에 읽습니다. 그리고 2~3줄이라도 감상을 적어 이메일로 보내지요. 저자는 가장 먼저 감상을 보내온 사람을 결코 잊지 못합니다. 그 감상이 몇 줄에 불과하더라도 두 번째, 세 번째 사람보다 훨씬 강한 인상을 남기게 됩니다. 결국, 훗날 그 사람이 내 편이 되어줄 가능성이 커지는 것입니다. 운은 피드백의 속도와 횟수에 따라 움직입니다.

또한, 다른 사람들과 항상 창의적인 관계를 맺고 싶다고 생각하는 것도 운이 따르는 사람들의 공통된 습관입니다. 리액션을 잘하는 개그맨들은 다소 과장된 리액션으로 시청자들을 웃깁니다. 물론, 그들은 개그맨이기에 그곳에는 웃음을 유발하려는 의도가 깔려 있습니다. 이러한 의도를 우리 일반인들도 가져야 합니다. 그저 아무 생각 없이 평범하게 살아가고 행동하는 것이 아니라 다양한 상황에서 적극적이고 의식적으로 인생을 살아가야 합니다. 그리고 다른 사람과의 관계를 소중히 만들어나가도록 합시다.

앞서 언급했듯이, 저는 프랑스인들의 생활신조인 '아르 드 비브르(Art de Vivre)'를 '예술적 생활 방식'이라고 번역했습니다. 제가 파리에서 보낸 시간을 되돌아보면, 이 개념은 눈앞에 있는 상대에게 기분 좋은 서프라이즈를 선사하려는 태도나 다름없다고 생각합니다. 예를 들어, 길을 지나가며 마주친 상대의 패션을 순간적으로 칭찬하는 리액션이 그런 경우입니다. 친구를 집으로 초대해 저녁 식사를 대접할 때, 식탁의 장식품이나 와인도 중요한 요소가 됩니다. 물론 그것이 고급스러운지, 브랜드 제품인지의 여부는 전혀 중요하지 않습니다.

실제로 제가 파리에 머무는 동안, 누군가가 식탁에 올라온 와인에 대해서 장황하게 설명을 늘어놓은 적은 단 한 번도 없었습니다. 제가 "이 와인, 정말 멋진데요"라고 말하면, "우리 부부가 좋아하는 와인이야" 정도의 대답이 돌아올 뿐이었습니다. 와인은 식사를 더욱 풍성하게 해주는 도구일 뿐 그 이상도 이하도 아닙니다. 그렇기 때문에 어떤 와인을 선택할 것인지가 중요해지는 것이지요.

이처럼 작은 노력만으로도 우리의 일상은 더욱 다채로워질 수 있습니다. 그림 형제의 동화 《신데렐라》에서 호박을 마차로 변신시키듯, 프랑스인들은 일상을 마법처럼 바꾸는 일을 아주 자연스럽게 해냅니다. 그러한 기억은 머릿속에 남지 않을 리 없겠지요?

상대에게 기쁨을 주고자 하는 사람에게는 행운이 찾아옵니다. 저는 소중한 사람들과 지나치게 얽매이지 않으면서도, 적당히 거리를 지키면서 오랫동안 관계를 이어갑니다. 때때로 서프라이즈 모임이나 이벤트의 장을 만들어 소개하고 싶은 사람을 데려가기도 합니다. 즉, 만남 자체를 하나의 엔터테인먼트의 장처럼 연출하는 것입니다.

그로 인해 새로운 프로젝트가 탄생하기도 하지만, 그것은 어디까지나 결과론일 뿐입니다. 무엇보다 중요한 것은 상대가 즐거운 시간을 보냈으면 하는 마음이지요. 그리고 상대가 즐거워하면, 저 또한 즐거워질 테니까요.

자신의 실패담을 이야기하면, 긍정적인 에너지를 얻을 수 있다

저는 앞에서 실패, 좌절, 병환과 같은 인생의 '골짜기'나 부정적인 경험에 관한 이야기는 사람들의 공감을 불러일으킬 수 있다고 이야기했습니다.

하지만 단순히 공감만 얻는 것이 아닙니다. 운까지 불러들입니다. 그 이유는 자신의 약점을 진솔하게 이야기하는 사람에게 듣는 사람의 에너지가 흘러들어 가기 때문입니다. 말하자면 마치 마이너스 이온이 플러스 이온을 끌어당기듯이, 상대방의 긍정적인 에너지가 자신에게로 흘러들어 오는 것입니다. 이 과정에서 운도 끌려오게 됩니다.

예를 들어, 초등학생 시절 왕따를 당했던 경험, 중학생 시절부터 갖고 있던 콤플렉스, 고등학생 시절의 실연 경험, 대학 시절 아르바이트하던 곳에서 겪었던 실패담, 사회인이 된 후 겪었던 창피한 경험 등….

이처럼 자신의 약점을 솔직하게 털어놓는 이야기에 사람들은 자연스럽게 귀를 기울이게 되고 기억에 남게 되는 것이지요. 그리고 이야기를 한 사람에게 좋은 인상을 받으며, 마음이 통하는 관계를 형성하는 계기가 됩니다.

반대로, 인생의 '정상'에 관한 이야기, 자기 자랑만 늘어놓는 사람을 떠올려보세요. 그런 사람의 이야기를 듣고 기분이 좋아질 사람이 과연 있을까요? 오히려 거부감이 들게 마련입니다. 플러스 이온만 계속해서 내뿜으면, 상대방의 플러스 이온과 충돌하기 때문입니다.

제가 리크루트에서 영업직으로 일하던 시절의 이야기입니다. 저 스스로는 완벽한 프레젠테이션을 했다고 자부했음에도 불구하고, 고객은 "잘 알겠습니다. 검토 후 다시 연락드리겠습니다"라고 말한 뒤, 결국 감감무소식이었던 적이 있었습니다. 너무 플러스 이온만 강조하며 밀어붙였는데도, 저 자신은 상대를 설득했다고 착각했던 것이지요.

반대로, "이 제품의 안 좋은 점이 무엇이라고 생각하시나요?"라고 고객에게 질문했을 때 오히려 계약이 성사된 경험이 여러 번 있습니다. 마이너스 이온과 플러스 이온이 서로 결합하면, 에너지의 교류가 일어나 깊은 유대감을 형성할 수 있게 되는 것이지요. 이것이 바로 커뮤니케이션의 화학 작용입니다.

하지만 인간은 나이가 들면 자존심이란 것이 방해를 일으켜 좀처럼 마이너스 경험을 이야기하기 어려워집니다. 그리고 자기 자랑만 하고 싶어지지요. 하지만 그런 이야기는 아무도 듣고 싶어 하지 않습니다. 오히려 인상을 나쁘게 만들 뿐입니다.

"이런, 부끄럽지만, 이러한 실패를 했었네요…."
힘들었던 경험에 관한 이야기는 유머러스한 분위기를 흐르게 만듭

자료 12. 후지하라 가즈히로의 마이너스 정보

〈중학생〉
- 중학교 1학년 때 축구부가 없어 검도부에 들어갔지만, 열중하지 못함.
- 알레르기 체질이라 수두 발진이 심해지거나, 얼굴에 습진이 생기거나 함.
- 아마추어 무선 기사 자격증을 따려고 공부를 시작했지만, 이것도 오래가지 않음.
- 중학교 2학년 때 반항심에 마트에서 물건을 훔치다가 가정법원에 송치됨.
- 문제 학생을 학급위원으로 만들고 싶어 선거 위반을 저질렀다가 '생활기록부에 남긴다'고 호되게 야단맞음.

〈고등학생〉
- 농구부에서 나름 즐겁게 활동했지만, 더 진지하게 했으면 좋았겠다는 아쉬움이 남음.
- 이마에 화려한 여드름이 나서 잘생긴(?) 얼굴이 망가짐.
- 여자친구가 생겼지만 어떻게 사귀어야 할지 몰라 결국 헤어짐.
- 입시 공부에 대한 지식이 없어 친구에게 물어보고 철저히 따라 함.
- 고등학교 3학년 때 물리와 화학(특히 분자식)이 싫다는 걸 깨닫고 여름방학에 문과로 전향.

〈대학생〉
- 대학교 1학년 때, 입학하자마자 '부적응'에 시달려 한동안 은둔함.
- 경제학부에 들어갔지만 '마르크스 경제학'과 '근대 경제학'도 몰라 망신당함.
- 운전학원에 다녔지만 방향 감각이 전혀 없어 강사에게 시달림.
- 대학교 농구 동아리에 들어갈 자신이 없어 그냥 고등학교 때 친구들과만 어울리는 정도로만 농구를 함.
- 첫 해외여행에서 로마 중앙역에서 잠을 잤다가 전 재산을 도둑맞음.

〈신입 및 젊은 직장인, 20대〉
- 주식으로 수백만 엔 손해를 보고, 그림에 수백만 엔을 썼지만, 대부분이 가치 없었음.
- 모 회사에 대한 영업을 본사에 보고했다가 '주제넘은 짓'이라며 출입 금지당함.
- 고객사의 입사 설명회 초대장을 깜박하고 발송하지 않아 학생들이 전혀 오지 않음.
- 거래처 부장님이 중매를 주선해 결혼을 강요받을 뻔함.
- 동기가 과장으로 먼저 승진해 배가 아팠음.

〈매니저·관리직, 30대〉
- 오사카에서 자존심을 던져버린 끈질긴 영업 방식을 배움.
- 아이를 갖게 되어 은행에서 대출을 받아 집을 샀지만, 버블 붕괴로 가격이 반 토막남.
- 기동부대의 부대장은 맡을 수 있었지만, 큰 조직의 장은 적성에 맞지 않음을 실감함.
- 갑작스럽게 메니에르병이 발병, 이후 5년 동안 후유증에 시달림.
- 출판사를 설립했지만, 정작 본인은 책에 대해서는 잘 몰랐음.

〈펠로우, 40대 초반〉
- 무모하게 회사를 그만둠. 아내와 상의하지 않아 나중에 혼남.
- 회사를 설립해서 '회사 놀이'를 했지만, 개인 사업자로 충분했을 것이라고 후회함.
- 새로운 정보지 사업이 100만 부를 돌파했으나, 결국 인터넷 매체에 밀려 폐간함.
- 실버(노년층) 대상 사업과 교육용 멀티미디어 사업 모두 제대로 출범하지 못함.
- 교육, 의료, 주택, 개인 간 네트워크 중 어느 분야를 깊이 파고들지 망설임.

〈40대 후반~50대 초반〉
- 처음으로 비영리 조직을 운영하며 허둥댐.
- 밖에서 받은 스트레스를 가정에 풀어버린 적이 여러 번 있음.
- 생활보호대상자, 준생활보호자, 외국인 아내, 가정폭력(DV), 발달장애 등 다양한 현장을 경험함.
- '나는 제대로 된 어른이 되지 못한 것은 아닐까?'라는 의문을 수차례 자기 자신에게 던짐.
- 사고 대응을 하면서 자신의 한계를 깨달음.

〈50대 후반〉
- 60살까지 머리카락이 남아 있을지가 걱정되어 발모제를 사용함.
- 아직 '노인'이라는 의식은 없지만, 과연 이대로 괜찮은 걸까?
- 프리랜서라 아무런 보장을 받을 수 없지만, 과연 생계는 이어갈 수 있을지 걱정됨.
- 스마트폰을 긴급 연락 및 발신용으로만 갖고 있음. 전화 외엔 사용할 줄 모름.
- 파워포인트도 엑셀도 사용할 줄 모르고, 컴퓨터에 워드조차 설치되어 있지 않음.

니다. 또한, 자신의 힘들었던 정보를 드러낼 수 있을 만큼 여유가 있는 사람이라는 인상도 주게 되지요.

실패담을 재밌고 유쾌하게 이야기할 수 있는 사람이 인기가 있는 이유는 바로 이 때문입니다.

저에게도 힘들었을 때의 이야기가 여럿 있습니다. 부끄러운 일, 아쉬운 일, 기억하고 싶지 않은 일 등등. 그런 이야기들을 모은 것이 〈자료 12〉입니다.

유머와 위트를 키우자

사람들을 끌어당기는 것은 마이너스 모드의 이야기뿐만이 아닙니다. 유머(웃음)와 위트(기지)도 그렇습니다. 유머와 위트가 있는 대화를 할 수 있는 사람의 주변에는 자연스럽게 사람들이 모입니다. 특히 유럽과 미국에서는 계급이 올라갈수록 이 점을 더욱 중요하게 생각합니다.

유머와 위트는 정보 편집력의 중요한 요소이기도 합니다. 정보 편집력은 이질적인 요소(사물, 사건, 사람)를 조합해서 연결하는 능력이 요구되기 때문입니다.

그렇다면, 유머와 위트를 섞어 말하는 능력을 어떻게 단련할 수 있을까요?

저는 '조례만 하는 학교'에서 다음과 같은 질문을 던진 적이 있습니다.
"여러분을 무슨 동물에 비유할 수 있을까요? 그 동물을 활용해 자신을 프레젠테이션해보세요."

사실 이 질문은 대학교 면접이나 취업 면접에서 자주 출제되는 단골 문제입니다. 저도 면접관으로서 이 질문을 한 적이 있는데, 지원자들은 꽤 허둥지둥하더군요. 제 경우는 이어서 '곤충에 비유하면?', '꽃에 비유하면?' 같은 질문을 던지기도 했습니다.

이러한 질문은 미리 비유할 대상을 정해두지 않으면, 위트를 섞어 답하기가 쉽지 않습니다. 면접관은 이러한 갑작스러운 질문에 어떻게 답을 하는지, 기지를 발휘할 수 있는지, 그리고 사고가 유연한지를 살펴봅니다. 따라서 분석적으로 답을 도출하기보다 재미있고 장난스럽게 대답하는 편이 좋습니다. 구체적으로는, 먼저 비유할 대상을 정한 후, 억지 논리라도 좋으니 그 이유를 붙여보는 것입니다. 예를 들어, '해바라기'가 떠올랐다면, '저는 해바라기입니다'라고 답하는 것입니다. 그리고 '저는 항상 밝은 곳을 향합니다. 밝은 미래를 바라보며 희망을 품고 있기 때문입니다' 같은 식으로 이유를 덧붙이는 것입니다.

추상적인 개념을 구체적인 사물에 비유하는 '메타포(metaphor) 능력'과 '비유적 표현력'은 리더에게 필요한 언어 능력입니다. 프레젠테이션에서도 비유를 잘 활용하면 성공 확률이 높아집니다.

여러분도 꼭 한번 시도해보시기 바랍니다.

뇌가 연결되는 장소를 만든다

운이 좋은 사람은 운이 좋은 사람과 연결되어 있습니다. 운이 좋은 사람을 만나는 것은 곧 자신의 운을 높이는 일이 됩니다. 따라서 자신의 몸을 운이 좋은 사람들이 모이는 장소에 두어야 합니다. 그중 하나가 바로 커뮤니티입니다. 커뮤니티는 '뇌가 연결되는 장소'입니다. 뇌가 연결되면 정보 편집력이 확실히 단련되며, 우리의 인생은 더욱 강하고 깊이가 있어집니다.

'인생의 후반전을 누구와 함께, 어떻게 뇌를 연결하며 살아갈 것인가', 이는 곧 '어떤 커뮤니티를 만들고 키워나가며, 그것을 어떻게 자신이 있을 '자리'로 삼을 것인가' 하는 문제와 다름없습니다. 그렇다면, 어떤 커뮤니티에 들어가야 할까요?

여기서 알아둬야 할 점은 회사나 조직에서 최대한 거리를 두어야 한다는 것입니다. 왜냐하면, 회사는 여러분의 인생을 기억하지 않기 때문입니다. 조직이 여러분의 인생을 기억하지 않는 이유는, 조직이 기능의 집합체이기 때문입니다. 설령 여러분이 사라져도, 그 기능을 수행할 다른 사람이 와서 그 자리를 메울 뿐입니다. 창업자조차도 주식을 처분하면 같은 취급을 받게 됩니다.

자신의 인생을 기억해주기를 바란다면, 가족을 포함한 커뮤니티에 흔적을 남겨야 합니다. 여러분의 발자취를 기억하는 매체는 조직이 아니라 커뮤니티입니다. 제가 설립한 '조례만 하는 학교'는 언어 능력이 뛰어난 사람들이 서로의 뇌를 연결하는 장소라고 생각합니다. 앞서 설명했듯이, '조례만 하는 학교'에서는 학생이 곧 선생님입니다. 즉, 서로 배우고 가르치는 '학습 공동체'이지요. 게다가 그 구성원은 초등학생부터 80대까지로, 매우 다양한 사람들이 모여 있습니다.

이곳에는 회사처럼 일방적인 지휘 체계도, 직급으로 부르는 문화도 없습니다. '무엇을 알고 있고, 무엇을 제공할 수 있는지', '무엇을 알고 싶고, 무엇을 배우고 싶은지', 이러한 목적 의식만 있다면 서로 다른 개성과 경험을 가진 사람들이 자연스럽게 연결되며, 성장 속도가 더욱 빨라집니다.

또한, 그다음 1만 시간, 즉 '두 번째 발걸음', '세 번째 발걸음', '더 높은 곳으로 나아가기' 위해서 무엇을 어떻게 설정해야 할지에 대한 힌트도 얻을 수 있습니다. 그뿐만 아니라, 1만 시간을 들여 새로운 기술을 마스터하려고 연습을 시작한 사람들을 응원하는 문화가 자리 잡고 있습니다.

이곳에서는 경쟁할 필요가 없습니다. 모두 각각 다른 방향으로 달려가는 마라톤 선수와 같기 때문에 자연스럽게 서로를 존중하는 마음이 생겨납니다. 서로를 격려하고, 용기를 칭찬하며, 결국 희소성 있는 인재로 성장해갑니다. 이런 과정을 거치다 보면, 자연스럽게 운도 상승하게 됩니다.

　여러분도 부디 자신에게 맞는 커뮤니티를 찾아 적극적으로 참여해 보시기 바랍니다. 혹시 그런 커뮤니티를 찾기 어렵다면, '조례만 하는 학교'에 입학하시기를 기다리고 있겠습니다(웃음).

나에게 일어난 기적

　경영학자 다사카 히로시(田坂 広志) 씨는 《죽음은 존재하지 않는다》에서, "이 우주에서 일어난 모든 사건의 모든 정보는 '양자 진공' 속의 '제로포인트 필드(Zero Point Field)'에 기록되어 있으며, 우리의 의식이 그곳과 연결되면 '미래에 일어날 가능성이 있는 사건'에 대해서도 알 수 있다"고 합니다. 이는 최첨단 양자 과학이 밝힌 '제로 포인트 필드 가설'입니다. 22세기가 되면 초자연 현상조차도 과학적으로 해명되었을지도 모릅니다.

　하지만 과학적으로 증명할 수 있든 없든, 세상에는 '기적'이라는 말로밖에 설명할 수 없는 일들이 존재합니다. 이는 입 밖으로 내지 않아도 아마 이미 많은 분들이 실감하고 계시지 않을까 생각합니다. 저역시 도저히 일어날 수 없을 확률로, '우연'한 사건이나 만남을 경험한 적이 있습니다. 저도 모르게 소름이 돋을 정도로 마치 '100만 분의 1의 확률'과도 같은 경험입니다.
　여기, 제가 직접 경험한 5가지 기적 같은 이야기를 소개하고자 합니다.

'세상 수업(よのなか科)' 성립 배경에 얽힌 인연

2000년, 저는 당시 유린도(有隣堂) 서점의 사장이었던 시노자키 다카코(篠崎 孝子) 씨의 요청을 받아, 오랫동안 구상해왔던 '세상 수업'을 요코하마에 있는 야마테(山手) 학원에서 처음으로 실시했습니다.

이 수업은 세상에서 일어나고 있는 문제에 대해 주체적으로 사고하고, 정보 편집력을 기르는 것을 목표로 삼고 있으며, 수업의 스타일은 다음과 같습니다.
① 먼저 과제를 제시, ② 그 과제에 대한 간단한 배경 지식을 제공, ③ 학생들이 직접 토론 및 활동을 진행, ④ 학생들이 각자 자신의 생각을 정리하는 방식의 수업입니다.

당시 이 수업을 담당했던 사회과의 스기우라 겐이치(杉浦 元一) 선생님은 직접 활동 자료를 제작하고 팀 티칭(협력 교수법)을 진행하는 등 매우 뛰어난 수업 진행 능력을 보여주었습니다. 저는 그의 수업 방식에 감탄할 수밖에 없었어요. 수업이 끝나고 가진 뒤풀이 자리에서 놀랍게도 그가 저와 같은 아오야마(青山) 고등학교 출신이며, 심지어 제가 속했던 농구부의 후배였다는 사실을 알게 되었습니다.

그 후, 그는 도쿄 아다치 구립 제11중학교로 전근을 하게 되었고, '세상 수업'은 그 학교에서도 연간 정규 수업으로 자리 잡게 되었습니다. 여기서 그친 것이 아닙니다. 이 세상 수업은 스기나미 구립 고요(向陽) 중학교와 시나가와 여자학원(品川女子学院)으로 확대되었고, 제가 와다 중학교의 교장으로 부임한 후에도 5년에 걸쳐 150회 이상의 실전 수업으로 이어졌습니다.

  그 과정에서 저는 스기우라 선생님을 와다 중학교로 스카우트해 교무 주임을 맡기기도 했습니다. 그가 없었다면, '세상 수업'은 다른 곳으로 퍼져나가는 일 없이 단발성 수업으로 끝나고 말았을지도 모릅니다. 결국, 사람과의 인연이 '세상 수업'이라는 수업 스타일로 결실을 맺은 셈입니다.

첫눈에 반한 그림

  제가 30대 초반이었을 무렵, 미술상으로 활동하던 지인 스즈키 히로키(鈴木 洋樹, 현 호프 베어 갤러리 경영자) 씨에게 팸플릿 하나를 건네받았습니다. 그 속에 실린 한 점의 그림을 본 순간, 저는 첫눈에 반하고 말았습니다. 그 그림은 스페인의 궁정 화가이자 마지막 인상파로 불리는 호아킨 트렌츠 리야드(Joaquin Torrents Lladó, 1946-1993)의 '카네트의 새벽'이었습니다. 저는 순간적으로 바로 "내가 사겠다!"라고 전화를 걸었습니다.

  그렇지만 문제는 돈이었지요. 당시 저는 막 아이가 태어났던 터라 경제적으로 여유가 없었습니다. 부모님이 '손주를 위해 쓰라'라며 보내주신 돈을 모두 모아도 600만 엔이 부족했어요. 결국, '그만 포기하자'라고 생각하던 찰나에, 후배 한 명이 "회사를 그만두고 독립하려고 해요"라며 퇴사하기 전 인사하러 저를 찾아왔습니다.

"그럼, 이탈리안 음식이라도 먹으면서 송별회를 하자!"라고 이야기가 나와 이탈리안 레스토랑에 가게 되었습니다. 그리고 식사 후 커피를 마시던 중, 그가 뜻밖의 말을 꺼냈습니다.

"전에 같이 보러 갔던 그 맨션 기억하시죠? 그걸 팔기로 했어요. 그 돈으로 새 회사를 위한 자본금을 마련했고, 남은 돈으로 아내에게 유노스 로드스터(*마쓰다 사의 자동차)를 사줬는데…. 그래도 약간의 돈이 남았네요. 그 돈을 어떻게 하면 좋을지 상담하고 싶었어요…."

제가 "얼마나 남았는데?"라고 묻자 그가 "600만 엔 정도요"라고 답하는 것이 아닌가요. 그 순간, 저는 온몸에 소름이 쫙 돋았습니다. 어떻게 이토록 딱 맞아떨어지는 돈이 이 자리에서 튀어나올 수 있단 말인가요!? 이건 기적이라고밖에 설명할 수 없었습니다.

저는 그에게 그림을 공동 구매하자고 제안했고, 저희는 함께 그림을 사게 되었습니다. 그 후, 그가 회사 경영을 위해 추가 자금이 필요하게 되었고, 저는 이자를 붙여 그에게 돈을 돌려주었지요. 그렇게 해서 얻은 이 그림은 지금도 저희 집에 걸려 있고, 오시는 손님들의 눈을 즐겁게 하고 있습니다. 그리고 사실, 저는 이 그림을 걸기 위해 집을 지었습니다.

이 그림이 있었기에 열심히 노력할 수 있었던 것입니다. 그렇게 생각했을 때, 이 그림과의 만남은 운명이었다고밖에 할 수 없습니다.

100만 가구 중 한 집

앞서 말씀드린 것처럼, 저는 리크루트에서 근무하던 시절 직접 회사에 유럽행을 요청했고, 1993년 11월에 4살 된 큰아들을 데리고 아내와 함께 영국 런던으로 이주했습니다. 그리고 이듬해 1월에는 둘째 아들이 태어났습니다.

최종 목적지는 프랑스 파리였기 때문에 가을부터 가족이 함께 살 아파트를 찾았고, 그해 12월에는 낡은 폭스바겐을 타고 유로 디즈니랜드(현 디즈니랜드 파리)를 경유해 파리에 도착했습니다. 이사를 한 곳은 파리 16구에 있는 미국인 소유의 듀플렉스 아파트(하나의 필지에 두 가구가 나란히 지어진 형태의 집)였습니다. 다락방(과거 가정부가 살던 방)에서는 에펠탑이 보이는 멋진 집이었습니다.

그런데 그곳에 살기 시작한 지 얼마 지나지 않아 놀라운 사실을 알게 되었습니다. 아내의 숙부(프랑스 문학 교수)께서 바로 같은 아파트 아래층에서 하숙했던 적이 있었던 것입니다. 게다가 그곳에 살고 계시던 노부인께서는 과거에 홈스테이로 받았던 일본인 유학생(처숙부)을 기억하고 계셨습니다.

파리 시내의 주택 수는 교외까지 포함하면 100만 가구가 넘습니다. 그런 와중에 어찌 된 영문인지 같은 아파트를 선택한 것입니다. 너무나 기막힌 우연이지만, 실제로 일어났던 일입니다. 그로부터 1년 후, 막내딸이 태어났습니다. 파리는 말 그대로 저희 가족의 제2의 고향이 되었습니다.

천연기념물을 기르다

2006년 새해, 문득 '올해는 개의 해니, 개를 키워볼까?'라는 생각이 떠올랐습니다. 저는 직감을 중요하게 여깁니다. 그리고 즉시 행동으로 옮기지요. 말 그대로 '마음먹을 때가 길일'이라는 신조를 가지고 있습니다.

그러던 중, 신문 기사를 통해 가와카미견의 존재를 알게 되었습니다. 가와카미견은 나가노현 미나미사쿠(南佐久) 군 가와카미(川上) 촌에 전해지는 중형견으로, 치치부 산괴(秩父山塊)의 들개가 조상이라고도 전해집니다. 주변과 단절된 지역에서 혈통이 유지되어왔으며, 나가노현의 천연기념물로 지정되어 있습니다.

저는 바로 가와카미 촌에 전화를 걸어 촌장님께 "어떻게든 가와카미견을 키우고 싶습니다"라고 말씀드린 후, 딸과 함께 방문하기로 했습니다. 촌장님은 가와카미견 보존회의 회장이셨으며, 우연히도 저와 같은 성을 가지고 계셨지요.

그날은 눈 내리는 크리스마스이브 날이었습니다. 저희는 기차를 이용했기 때문에 문제없었지만, 그날 관서 지방에서 강아지를 데리러 오기로 했던 부부가 눈길로 인해 올라오지 못하는 상황이 발생했습니다. 저는 후지와라* 촌장님께 간곡히 부탁드려 남아 있던 마지막 새끼강아지를 양보받듯이 데려올 수 있었습니다. 마침 옆 마을에 의사로 근

---

* 일본의 성 '藤原'는 '후지와라'라고도 '후지하라'라고도 읽는다.

무하고 있던 지인이 있었고, 그의 아들이 자동차로 저희를 집까지 태워다 주었습니다.

강아지는 딸의 품에 안긴 채, 긴 드라이브 끝에 저희 집에 도착했습니다. 그리고 도착하자마자 참았던 소변을 보았지요. 딸이 '해피'라고 이름 붙인 이 암컷 가와카미견은 이후 4마리의 새끼를 낳았고, 15년간 천수를 누린 후 하늘로 갔습니다.

뜻밖의 장소에서 후배와 재회

2015년, 치매를 앓기 시작한 아버지의 간병이 필요해지면서, 저는 살고 있던 아파트 바로 뒤편에 있는 요양 시설을 방문하게 되었습니다. 그곳에서 뜻밖에도 옛 리크루트 동료를 만나게 되었습니다. 그녀는 저의 1년 후배로 해외여행 사업부를 거쳐, 과거 리크루트 빌딩 지하에 있던 카페 레스토랑의 지배인을 맡았던 적이 있습니다. 그러던 중, 제가 친하게 지내던 핸디 네트워크 인터내셔널의 당시 사장이었던 하루야마 미쓰루 씨의 눈에 띄었고, 그의 권유로 요양업계에 발을 들이게 되었습니다.

그 후, 그녀는 오사카에서 연수를 받았고, 병원의 요양 현장에서 일을 하면서 실력을 키워갔습니다. 그리고 저도 모르는 사이에 제가 살던 곳 근처에 있는 세콤(SECOM) 계열 요양 시설의 시설장으로 취임해 있었던 것입니다. 뜻밖의 재회에 저희는 서로 기쁨을 감추지 못했습니다.

아버지 간병에 관한 이야기는 여기서 끝나지 않았습니다. 앞서 언급한 것처럼, 그 후 저는 이치조 고등학교로 부임하게 되었고, 아버지도 함께 모시고 가기로 했습니다. 문제는, '아버지를 어떻게 이동시킬지'였습니다. 신칸센을 이용하는 것이 어려울 수도 있었습니다.

그러던 어느 날, 강연을 마치고 나가타초(永田町)에서 긴자(銀座)까지 택시를 타고 이동하던 중, 우연히 운전기사님과 이런저런 대화를 나누게 되었습니다. 그런데 알고 보니 그분은 과거 PTA(학부모 교사 연합회) 임원 경험이 있으셨고, 교육 개혁 관련 뉴스에도 밝은 분이셨습니다. 게다가 운전 실력도 뛰어나셨습니다.

저는 즉시 기사님께 저와 부모님을 모시고 나라까지 운전해줄 수 있는지를 물었습니다. 그러자 기사님은 "하룻밤을 머물러야 하겠지만, OK입니다"라고 대답하셨습니다. 놀랍게도 그분은 요양 택시 운전 경험도 있으셨습니다. 게다가 어린이 식당(무료 급식소)을 운영하고 계셨지요. 저는 나라에서 돌아온 후에도 그분을 응원하기로 했습니다.

이것도 우연이라고 하기엔 너무나 절묘한데요. 여기서 무언가 눈치채신 것이 있을까요?

이번 장의 서두에서 말씀드린 '신속한 행동'입니다. 저는 좋은 기회라고 판단되면 즉시 행동에 옮깁니다. 이러한 행동이 행운과 인연을 끌어당기는 원동력이 아닐까 생각합니다.

왜 운을 끌어당길 수 있을까?

　이처럼 운이 좋았던 사건들을 늘어놓으면 마치 저에게 행운만 가득한 것처럼 보일지도 모릅니다. 하지만 〈자료 12〉에서 볼 수 있듯이, 저 역시 다른 사람들과 마찬가지로 불운한 일들을 겪어왔습니다.

　결국, 이 5가지 '100만분의 1에 해당하는 이야기'는 행운이 따랐던 순간들을 연결해서 만들면 이렇게 된다는 하나의 예시일 뿐입니다. 하지만 이러한 사고방식 자체가 매우 중요합니다. 왜냐하면 '나는 운이 좋다'고 생각하면, 우리의 사고 회로가 그렇게 만들어져, 실제로도 운을 끌어당기기 때문입니다.

　그렇다면, 왜 운은 끌어당겨지는 걸까요? 이것은 어디까지나 제 개인적인 생각과 가설일 뿐이며, 과학적으로 입증된 것은 아닙니다. 생물학자들에 따르면, 돌고래와 고래는 신호를 발신해 먼 거리에 있는 동료들과 소통한다고 합니다. 저는 인간도 마찬가지라고 생각합니다.

　인간은 본래 전기적(電氣的)인 동물이며, 몸의 절반 이상이 물로 구성된 반도체와 같은 존재입니다. 따라서 '우리는 잠을 자는 동안에도 정보를 발신하고, 통신을 하고 있으며, 스마트폰처럼 지속적으로 전파를 내보내고 있는 것이 아닐까?'라는 생각이 듭니다. 즉, 우리가 말을 하지 않더라도, 혹은 목소리가 닿지 않는 먼 거리에서도, 의식하든 하지 않든 항상 통신을 하고 있는 것은 아닐까요? 그렇다면, 이때 중요한 열쇠는 '뇌의 기능'일 것입니다.

뇌는 우리가 신경을 쓰는 대상, 집중하는 대상과 관련된 신경 회로를 연결해서 새로운 시냅스를 형성합니다. 그렇게 되면 발신 메시지는 점점 더 강한 신호를 발산하게 될 것입니다. 그리고 강한 메시지가 발신되면 거기에 호응하는, 같은 파동을 지닌 사물·사건·사람이 자연스럽게 끌려오게 되는 것이지요. 이것이 바로 흔히 말하는 '끌어당김의 법칙(Law of Attraction)'의 정체가 아닐까요?

따라서 '정보 편집력'을 단련하고, 원래는 서로 다른 요소인 사물, 사건, 사람을 조합해 연결하는 연습을 하면, 겉보기에 기적처럼 보이는 현상이 일어나게 됩니다. 여러분의 뇌에서 발산된 파동과 같은 진동수를 가진 사물, 사건, 사람이 공명해서 끌려오기 때문입니다.

이것은 앞서 소개한 '제로 포인트 필드 가설'과도 연결됩니다. 만약 이 가설이 과학적으로 입증된다면, 단번에 철학과 과학, 종교가 하나의 통합 이론으로 정리될지도 모릅니다.
사실 이 3가지 분야는 원래 뿌리부터 연결된 것이므로, 다시 하나로 합쳐진다 해도 전혀 이상한 일이 아닐 테지요.

나에게 일어난
기적 같은 만남

사람들은 흔히 '저 사람과는 파장이 잘 맞는다', '죽이 잘 맞는다', '이심전심(以心傳心)'이라는 표현을 곧잘 사용합니다. 이것은 자신의 뇌에서 보내는 메시지에 반응해서 같은 파동을 내는 사람들이 자연스럽게 다가오거나 서로를 끌어당기는 현상일지도 모릅니다.

'그때, 왜 그 사람과 만나게 되었을까?'
제 경험을 바탕으로, '만남이 만들어내는 기적'에 대해 고찰해보도록 하겠습니다.

사다 마사시 씨

저는 일본의 유명한 싱어송라이터인 사다 마사시(さだまさし) 씨와 얼굴이 매우 닮았습니다. 제가 세 살 아래이기 때문에, 저 혼자서 멋대로 '의형제'라고 자칭하며 약 40년 동안 인연을 이어오고 있었더랬지요.

자기소개를 할 때 제 단골 멘트는 "교육계의 사다 마사시입니다"였습니다. 이렇게 말하며 분위기를 사로잡았지요.
사다 마사시 씨와의 첫 만남은 1985년으로 거슬러 올라갑니다. 당시, 마이클 잭슨(Michael Jackson)을 비롯한 미국 스타들이 아프리카 기아 문제 해결을 위해 'USA for Africa' 프로젝트를 시작했습니다. 여기서 탄생된 곡 〈We Are The World〉는 전 세계적으로 엄청난 히트를 기록했습니다. 당시 리크루트의 홍보부장이었던 저는 이 곡의 뮤직비디오를 가장 먼저 입수해서 회사 홍보실에서 직원들과 함께 시청했습니다.

저는 화면을 보는 내내 선 채로 감동의 눈물을 흘렸습니다. 그때, 무슨 일이냐며 다가온 사람이 있었습니다. 바로 리크루트의 창업자인 에조에 히로마사 사장님이었습니다. 그분께 저는 이렇게 말했습니다.

"이런 프로젝트(세상을 구하는 메시지를 세계적인 스타들이 장르를 초월해 서로 모여 노래하는 것)를 왜 일본에서는 할 수 없는 걸까요? 만약 일본에서도 이런 일이 가능하다면 사장님께서 스폰서가 되어주시겠어요?"

에조에 사장님은 즉각 답하셨지요.
"좋지 않은가. 할 수 있다면 응원하고 싶네."

이 말에 흥분한 나머지 저는 다음 날 바로 절친한 동료이자 당시 홍보과장이었던 히가시 마사토(東 正任) 씨(현 주식회사 미라쿠카이美樂界의 대표)와 회의를 했습니다. 히가시 씨가 가장 먼저 떠올린 인물은 야자와 에이키치(矢沢 永吉)도, 오다 카즈마사(小田 和正)도, 마쓰토야 유미(松任谷 由実)도, 이노우에 요스이(井上 陽水)도 아닌, 바로 사다 마사시 씨였습니다. 하지만 이때까지 저희와 사다 씨 사이에는 어떠한 접점도 없었습니다.

게다가 사다 씨가 라디오 DJ를 맡았던 분카 방송(文化放送) '세이! 영(セイ!ヤング)'의 스폰서도 아니었습니다. 그럼에도 불구하고 저희는 사다 씨의 소속사인 '사다 기획(さだ企画)'에 연락을 시도했고, 사장인 사다 씨의 아버지와 미팅 약속을 잡는 데 성공했습니다. 미팅 전까지 시간이 남았던 저희는 긴자 거리로 나왔습니다.

일단 긴자 와코(和光) 건물 뒤편에 있는 영화관으로 향했습니다. 저는 영화를 보다 중간에 나오는 것도 개의치 않는 성격이었지만, 히가시 씨는 싫다고 했습니다. 그래서 결국 카페에 가기로 했습니다. 그런데 어찌 된 일인지 저희의 발길은 자연스럽게 히비야(日比谷)에 있는 제국호텔(帝国ホテル)로 향했습니다. 특별한 이유도 없이 그냥 그곳이 끌렸더랬지요.

1층 로비의 카페에 자리를 잡자마자, 저는 깜짝 놀랐습니다.
조금 떨어진 테이블에 사다 마사시 씨를 꼭 닮은 사람이 앉아 있었던 것입니다. 자세히 보니, 정말로 사다 마사시 씨 본인이었습니다. 그리고 그 맞은편에는 작사가 유카와 레이코(湯川れい子) 씨가 앉아 있었습니다.

잠시 후 저희는 사다 씨에게 인사를 건넸고, 당황한 나머지 설명도 제대로 못 했던 기억이 납니다. 그도 그럴 것이, 원래 저희는 그날 사다 씨의 아버지를 만나기로 한 상태였으니까요. 결국, 저희는 사다 씨 매니저 분의 차를 타고, 요츠야(四谷)에 있는 사다 기획으로 향하게 되었습니다. 대화가 무르익었음은 안 봐도 다 아시겠지요?

그 후 저희는 에조에 사장님이 사다 마사시 씨가 밴드 '그레이프' 시

절에 불렀던 〈프레디 혹은 삼교가 - 러시아 조계에서(フレディもしくは三教街-ロシア租界にて)〉를 무척 좋아했다는 사실도 알게 되었습니다.

리크루트 홀에서 열린 사다 마사시 콘서트를 시작으로, 야쿠르트 대신 리크루트가 '세이! 영'의 스폰서를 맡는 등 사다 씨와의 연이 깊어지게 되었습니다. 개인적으로도 사다 씨와 함께 골프를 치거나, 교토 기온(祇園)에서 어울리는 사이가 되었습니다.

나중에 알게 된 사실이지만, 저희가 처음 만났을 당시, 사다 씨와 유카와 씨가 이야기하고 있던 것도 'We Are The World' 일본판을 어떻게 하면 실현할 수 있을까에 대한 것이었다고 합니다. 정말 여러 겹으로 얽힌 인연이었던 셈입니다.

구마 겐고 씨

건축가 구마 겐고(隈 研吾) 씨와는 그가 무명이었던 시절부터 30년 이상 인연을 이어오고 있습니다. 제가 미디어 디자인 센터와 미디어 팩토리에서 부장으로 재직하던 1990년, 리크루트는 매입한 다이칸야마(代官山)의 부지로 회사를 이전하려는 계획을 갖고 있었습니다.

그곳은 에도 시대 대관들의 저택 부지였으며, 호화로운 정문에서 저택까지 길이 쭉 이어져 있었습니다. 이를 조금 개축하면 멋진 건물이 될 것 같다고 생각한 찰나에, 모형을 만들어 프레젠테이션해준 사람이 바로 갓 자신의 사무소를 연 구마 씨였습니다. 결국, 해당 개축안은 실현되지 않았지만, 그 이후로 사다 씨와 저는 연하장을 주고받으며 교류를 이어갔습니다.

어느 날, 저는 진구마에(神宮前)의 부동산업자로부터 오모테산도(表参道) 캣 스트리트 동쪽 끝에 있는 주차장 모퉁이에 나온 8평 부지를 매입하지 않겠냐는 제안을 받았습니다. '이 부지라면 구마 씨가 설계한 세계에서 가장 작은 건축물을 프로듀스할 수 있지 않을까?'라는 생각에 몹시 들떴습니다.

하지만 토지 가격이 제가 제시한 선까지 내려가지 않아 결국은 실현되지 못했지요.

그리고 2017년, 마침내 구마 씨와 함께 일할 기회가 찾아왔습니다. 제가 교장으로 부임했던 이치조 고등학교의 강당이 내진 기준을 충족하지 못해 개축해야 했던 것입니다. 저는 학생, 교사, 학부모, 동문회, 시장과 교육위원회, 그리고 시의회를 설득하며 구마 씨의 설계로 신축하기로 결정했습니다. 1년이 걸린 여정이었습니다. 물론 구마 씨도 기꺼이 이를 수락해주셨습니다.

참고로, 구마 겐고 건축 도시설계 사무소에는 공공 건축물 기준에 따라 건축 원가의 3%에 해당하는 설계료만 지불했습니다. 건축 예산도 크게 증액하지 않았고요. 그럼에도 불구하고 4,000만 엔 이상의 기부금이 모였고, 그 기부금에서 설계료를 지불할 수 있었습니다.

구마 씨와 저에게는 공통된 생각이 있었습니다. 그것은 바로 학생들의 상상력을 자극하는 창의적인 건축물을 만드는 것입니다. 전국의 학교 건물 중에는 보강재를 넣어도 내진 기준을 충족하지 못하는 것들이 있습니다. 또한, 저출산으로 인해 학교 통폐합이 진행되면서 신축 학교로 바꾸는 사례도 늘어나고 있습니다.

하지만 가만히 교육위원회에 맡겨두면, 마치 두부처럼 단조롭고 획일적인 학교 건물이 되어버릴 것이 자명했습니다. 교실 배치 등은 상자가 나란히 위치한 형태가 합리적일지도 모릅니다. 또한, 양옆과 뒤쪽 세 면의 벽도 창이 있는 단순한 구조로, 화려한 장식은 필요 없다고 생각합니다.

하지만 현관의 외관을 창의적으로 설계한다면, 아름답고 기능적인 디자인이 가능합니다. 실제로 최근에는 학교 현관을 들어서자마자 지역 사회 사람들도 이용할 수 있는 도서관을 배치한 개방형 학교도 등장했습니다. 이 부분만이라도 지역의 젊은 건축가들을 대상으로 공모전을 개최해 다시 짓는 것은 어떨까요? 그렇게 하면 동문뿐만 아니라 학부모와 학교를 서포트하고 있는 지역 커뮤니티 구성원들에게도 좋은 인상을 줄 수 있고, 무엇보다도 매일 그곳에서 배우는 학생들의 호기심을 자극하며 모교에 대한 자부심을 심어줄 수 있습니다.

저는 구마 씨에게 이치조 고등학교의 강당을 '헤이조쿄(平城京, 나라 시대 710~784년까지 일본의 옛 수도였던 곳)에 떠 있는 〈현대의 견당사선(遣唐使船, 일본 조정에서 당나라에 파견했던 외교 사절)〉 이치조마루(一条丸, 일본에는 배 이름에 마루를 붙임, 즉 한국으로 치면 이치조선 혹은 이치조함)가, 승무원인 학생들을 태우고

건축가 구마 겐고 설계에 의한 나라시립 이치조 고등학교의 강당. 학생들을 태운 함선 '이치조마루'의 뱃머리를 형상화한 디자인

미래를 향해 출항하는 모습을 구현해달라'고 의뢰했습니다.

그리고 2020년, 이 이상을 그대로 담은 'ICHIJO HALL'이 완공되었습니다.

현재 저는 구마 씨와 함께 '후지산 등산 철도 계획'을 통해 협업을 하고 있습니다. 왠지 새로운 기적이 탄생할 것 같은 예감이 듭니다.

하루나 아이 씨

2001년, 아다치 구립 제11중학교에서 진행된 '세상 수업'이 좋은 평가를 받아, 학예제에서 해당 과목을 선택한 학생들이 직접 주최하는 강연회가 열리게 되었습니다. 강연의 주제는 '남성다움과 여성다움에 대한 편견을 의심하라'였습니다.

이때 크로스 드레서와 더불어, 친구의 소개로 하루나 아이 씨를 초청했습니다. 당시 아이 씨는 연예계에 데뷔한 상태였지만, 아직 큰 인기를 얻기 전이었습니다. 그녀는 질문에 대한 응답도 명쾌했고, 저는 그녀가 머리가 좋은 사람이라고 감탄했습니다.

제가 와다 중학교 교장으로 부임한 이후, '인권 문제'가 주제일 때마다 하루나 아이 씨를 게스트로 초대했습니다. 아이 씨가 중학교 시절 당했던 괴롭힘에 대해 눈물을 흘리며 이야기하면, 평소에는 선생님 말을 듣지 않는 문제 학생들조차 조용히 귀를 기울였습니다.

그동안 저는 아이 씨가 산겐자야(三軒茶屋)에 연 바(Bar)에 술을 마시러 가거나, 사쿠라신마치(桜新町)의 오코노미야키 가게를 찾곤 했습니다. 그러던 중, 아이 씨가 갑자기 대세 스타로 떠오르며 〈24시간 TV〉의 자선 마라톤 주자로 선정되었습니다. 이렇게 되니, 이제 국민적인 아이돌이기 때문에 연락하기가 조심스러워졌습니다.

하지만 2018년 2월, 이치조 고등학교 교장 임기 종료를 앞두고, 마지막 '세상 수업'에서 인권 문제를 다루게 되었을 때, 교사들의 강한 요청이 있어 용기를 내어 아이 씨에게 연락해보았습니다. 그러자, 그녀는 한걸음에 달려와 주었어요. 택시가 학교 중앙현관에 도착했을 때, 학생들의 환호성은 엄청났습니다.

강연에서 아이 씨는 과거, 생각에 가득 잠긴 채 육교 바깥쪽에 올라선 적이 있는데, 다가오는 트럭이 보이면 뛰어들어야겠다고 결심했지만, 그 순간 어머니가 떠올라 간신히 마음을 돌렸던 경험 등을 가감 없이 이야기해주었습니다. 1,000명의 학생들은 숨소리조차 내지 않고 집중했고, 강연이 끝났을 때는 우레와 같은 박수가 쏟아졌습니다. 그야말로 기적의 수업이었습니다.

강연을 마치고 제가 있는 교장실로 찾아온 아이 씨는 구마 겐고 씨가 설계한 강당의 모형을 보고 "이게 뭔가요?"라고 물었습니다. 저는 오늘 강연을 진행한 강당을 새롭게 짓고 있으며, 이를 위한 기부금을 모집하고 있다는 것을 설명했습니다. 또한, 제 아이디어로 새로 설치될 의자마다 네이밍 도네이션을 부여하는 계획도 전했습니다. 즉, 5만 엔 이상 기부하면 의자 뒷면에 금속 명판으로 기부자의 이름을 새겨 넣는 방식이었습니다.

"그거 아직 모금 시작 안 했지요? 그럼 제가 1호로 기부할게요."

이렇게 말하며 아이 씨는 5만 엔을 내밀었습니다.

그 결과, 이치조 고등학교 강당의 맨 앞줄 중앙 좌석 뒷면에는 지금도 '하루나 아이(はるな 愛)'라는 이름이 새겨져 있습니다. 아이 씨는 2009년 태국의 '미스 인터내셔널 퀸 2009' 대회에서 우승할 정도로 빼어난 미모를 지녔지만, 동시에 의리도 깊은 사람입니다.

에조에 히로마사 씨

리크루트의 창업자인 에조에 히로마사(江副 浩正) 씨와의 첫 만남은 제가 취업 활동 중 임원 면접을 봤을 때였습니다. 아르바이트를 하던 시절에도 몇 번 뵌 적이 있었지만, 본격적으로 마주한 것은 이때가 처음이었습니다. 입사 후의 관계에 대해서는 《리크루트라는 기적》이라는 책에서 자세히 언급했으니, 여기에서는 왜 제가 '교육 개혁 실천가'라는 독자적인 직함을 내걸고 일하고 있는지, 그 동기에 대해 이야기해보려 합니다.

저는 에조에 씨에 대한 콤플렉스가 있었습니다.

제가 입사한 1978년부터 1988년까지는 에조에 씨가 가장 빛나던 시기였습니다. 구체적으로, 취업 정보 외에도 주택 정보를 비즈니스화하고, 1985년 통신 자유화 이후에는 정보 네트워크 사업에 진출했습니다. 한편, 리크루트 사건이 터지기 전까지는 부동산 사업에도 집중했고요. 그동안 저는 에조에 씨 곁에서 함께 일할 기회를 얻었습니다.

왜 저는 학교 교육 개혁에 집착한 채 몰두하고 있을까요?

그 이유는 어딘가에서 반드시 에조에 히로마사라는 이 흔치 않은 기업가를 뛰어넘고 싶다는 마음이 존재했기 때문입니다. 일본에서 공교육 개혁은 중요한 과제입니다. 이를 이루지 않으면 일본은 앞으로 나아갈 수 없습니다.

하지만 에조에 씨가 건재했다 하더라도, 아마 이 분야에는 사업적으로 뛰어들지 않았을 것이라 확신합니다. 왜냐하면, 교육은 개혁하려는 상대, 즉 맞서 싸울 상대가 불분명한, 정체불명의 존재 같은 것이기 때문입니다. 예를 들어, '취업 정보가 편중되어 있다', '주택 정보가 일부 업자에게 독점되어 소비자는 합리적인 선택을 할 수 없다'와 같은 명확한 문제와는 전혀 결이 다릅니다.

에조에 씨와는 사장실이 있는 층에서 종종 서서 이야기를 나누곤 했습니다. 그는 행동하는 사람이었습니다. 좋다고 생각하면 즉시 움직였습니다. 그 빠른 행동력은 지금까지 이어지는 리크루트의 신조이기도 합니다. 그럼에도 불구하고, 취업, 주택, 여행 등의 정보지가 자리 잡기까지는 20년이 걸렸습니다.

에조에 씨는 이렇게 말했습니다.
"어떤 시장이든, 일반 사람들의 습관을 바꾸는 데는 20~30년이 걸리는 법이야."

제가 와다 중학교의 민간인 교장으로 부임하며 교육계에 뛰어든 지도 벌써 20년이 흘렀습니다. 하지만 학교 교육은 여전히 옛 모습 그대로이며, 미동도 하지 않는 것처럼 보입니다.

그럼에도 불구하고, 제가 20년 차에 저술한 《학교는 거짓말투성이》에 자극받아 개혁을 시도하는 지자체가 등장하기 시작했습니다. 야마나시현(나가사키 고타로長崎 幸太郎 지사 / 후루하타 도모히로降籏 友宏 교육감)이 대표적입니다.

사립학교 중에서도 '세상 수업'을 가장 먼저 도입한 시나가와 여자학원(品川女子学院, 우루시 시호코漆 紫穗子 이사장/ 가미타니 다케시神谷 岳 교장)은 2024년 4월부터 학생들의 스마트폰을 100% 활용해 액티브 러닝을 더욱 발전시키는 방향으로 나아가고자 하고 있습니다.

이러한 저의 싸움은 47세의 봄부터 시작되었습니다. 앞으로 10년 안에 학교 교육에 대한 교사와 학부모의 인식이 변화한다면, 그때 저는 78세가 됩니다. 에조에 씨가 손을 뻗지 않은 일을 제가 이뤄낸다면, 그것이 제 커리어의 중요한 마무리가 될 것입니다.

'스스로 기회를 창출하고, 기회를 통해 스스로를 변화시켜라'.
여기서 '기회'라는 단어를 '환경'과 '경험'으로 바꾸어도 의미는 통합니다. 즉, '스스로 환경을 만들고, 그 환경 속에서의 경험을 통해 자신을 변화시켜라'라는 식으로 말이지요.

이제 눈치채셨을지도 모르겠네요. 이는 '스스로 자리를 잡고, 그 포지셔닝에서 얻은 경험을 통해 자신을 변화시켜라'라는 이 책의 메시지와 동일한 의미가 아닐까요? 결국, 에조에 씨가 만들어낸 리크루트 정신에 저도 사로잡혀 있는 것이 아니냐며 비웃음당할 수도 있겠지만 말이에요.

히라바야시 요시히토 씨

CHAPTER 3에서 언급한 히라바야시 요시히토 씨는, 앞서 소개한 네 사람에 비해 인지도는 낮을지도 모릅니다. 하지만 그는 후지산이 세계유산으로 등록되는 데 결정적인 역할을 한 인물입니다. 다만, 언론에 거의 등장하지 않기 때문에 아는 사람만 아는 존재입니다.

히라바야시 씨는 1948년 2월 23일(후지산의 날)에 태어나 경영 컨설턴트 후나이 유키오(舩井 幸雄) 씨와 인연을 맺은 후, '후나이 재산 컨설턴트'를 창업했고, 이후 기업을 상장시키는 데 성공했습니다. 그 후, 레스토랑 '우카이테이(うかい亭)'의 오너로부터 요청을 받아 경영에 참여해 유일한 적자 부문이었던 '오르골 미술관(현, 가와구치호 음악과 숲의 미술관)'을 분리해서 인수했습니다. 현재는 야마나시현(山梨県) 지사의 브레인 역할을 맡고 있으며, '후지산 등산 철도 계획'을 추진하는 한편, 가와구치호 주변을 가루이자와(軽井沢)와는 차별화된 '어른들을 위한 리조트'로 발전시키기 위해 힘쓰고 있습니다.

온라인 숙박 예약 사이트 '부킹닷컴(Booking.com)'이 발표한 '2024년 세계에서 가장 쾌적한 도시' 순위에서, 후지카와구치코마치(富士河口湖町)가 10위에 올랐습니다. 전 세계 3억 명에 달하는 여행자들의 후기 평가에서, 교토나 나라, 아타미(熱海), 하코네(箱根)를 제치고 수상하는 쾌거를 이루었습니다.

제가 히라바야시 씨와 만난 것은 2021년의 일입니다.
'가와구치호 음악과 숲의 미술관'에서 히라바야시 씨로부터 직접 '후지산 등산 철도 계획'에 관한 이야기를 들은 저는, 즉시 응원단장을 자청했습니다. 훌륭한 계획이라는 직감이 들었기 때문입니다. 마침 히라바야시 씨는 건축가 구마 겐고 씨에게 이 계획을 상담하기 위해 다음 주에 약속을 잡아둔 상태였습니다. 저는 그 자리에서 구마 씨에게 전화를 걸어, 저 또한 협력을 부탁드렸습니다.

후지산의 5번째 코스인 5합목(五合目 후지산 기슭에서 정상까지 높이를 10등분한 것 중 5번째 지점)에는 주차장, 레스토랑, 기념품 가게, 등산 장비 대여점 등이 줄지어 있습니다. 하지만 놀랍게도 그곳에는 전기가 들어오지 않습니다. 휘발유로 발전기를 가동하고 있기 때문에, 후각이 예민한 사람들은 그 냄새를 감지할 수 있습니다. 게다가 상하수도 시설도 없지요. 정화조를 사용하고는 있지만, 사실상 방류 상태입니다. 세계적인 관광지 중에 이런 곳이 또 있을까요?

또한 등산로에서는 침낭에 들어가 잠을 자는 사람, 불을 피워 몸을 녹이려는 사람(국립공원 내에서 화기 사용은 금지됨), 가벼운 복장으로 오다가 발목을 삐어 진료소에 실려 오는 사람 등 매너를 지키지 않는 등산객들이 적지 않습니다.

이래서는 아무리 후지산을 사랑하고 지키려는 산장 운영자들이 노력해도 오염만 계속될 뿐입니다. 만약 이 상태가 계속된다면, 세계유산 등록이 취소될 수도 있다는 우려의 목소리도 나오고 있습니다.

이러한 상황 속에서 탄생한 것이 '후지산 등산 철도 계획'입니다. 후지 스바루 라인 위에 철도 선로를 깔고, LRT(차세대형 노면전차, Light Rail Transit)를 운행하는 것입니다. 개인 차량의 통행은 제한하지만, 긴급 차량과 공사용 차량은 통행할 수 있습니다. 이를 통해 후지산의 환경 부담을 줄이는 동시에, 후지산은 일본 전체가 나서야 할 CO_2 감축의 상징적인 사례가 될 것입니다.

스위스의 융프라우의 경우, 이미 100년도 더 전에 철도를 놓아, 해

발 3,571m의 스핑크스 전망대까지 전기와 상하수도를 공급하고 있습니다. 일본에서도 다테야마 구로베 알펜루트(立山黒部アルペンルート)나 가미코치(上高地)와 같은 곳에서는 개인 차량을 규제하고, 관광객들은 트롤리 버스(무궤도 전차), 로프웨이, 케이블카를 이용해 이동합니다. 비록 운임이 '조금 비싼가' 싶은 사람들도 현장에서 철저한 쓰레기 처리와 자연 보호가 이루어지는 모습을 보면 대부분 이해를 합니다.

히라바야시 씨는 '가와구치호 아티스트 인 레지던스' 계획도 추진하고 있습니다. 이는 가와구치호 주변에 아티스트나 운동선수를 지원할 수 있는 부유층을 유치해 한층 차별화된 어른들의 리조트 지역으로 만들려는 계획으로, 저도 응원하고 있습니다.

히라바야시 씨는 십수 년 전, 미국 미주리주의 브랜슨을 방문했습니다. 그곳은 숲과 호수에 둘러싸인 곳으로, 성공한 아티스트들이 노후를 보내는 곳이었지요. 그들의 주거지에는 작은 홀이나 개인 극장이 마련되어 있어, 미니 콘서트 등이 열리고 있었다고 합니다.

이곳에서 영감을 얻은 히라바야시 씨는 가와구치호 호반에 문화와 스포츠 콘텐츠를 활용한 '고부가가치 커뮤니티 빌리지'를 조성하고자 결심했습니다. 구체적으로는, 음악 스튜디오가 포함된 레지던스, 아틀리에가 포함된 레지던스, 도서관이 포함된 레지던스, 풋살장이 포함된 레지던스, 뷰티 클리닉이 포함된 레지던스, 댄스홀이 포함된 레지던스, 대학교의 미니 강의실이 포함된 레지던스 등등 약 30가지 유형이 조성된다면, 해외 부유층도 찾아오는 최고급 커뮤니티가 될 것입니다.

왜 가루이자와가 아닌 걸까요? 이 또한 '자리 잡기'의 묘미입니다. 이곳에 희소성이 있기 때문입니다.

CHAPTER 3에서 언급했듯이, 저는 다가오는 70대를 대비해 가와구치호에서 '자리 잡기'를 시작했습니다. 그 계기를 만들어준 사건이 바로, 히라바야시 씨와의 만남이었습니다.

10가지 기적을 적어보자

어떠셨나요? 사람과의 우연한 만남이 행운을 불러오고, 또 다른 사물, 사건, 사람과의 인연이 탄생한다는 것을 느끼셨을 것입니다.

여러분도 여러분의 인생을 돌아보면 우연이 가져온 행운, 설명할 수 없는 기적 같은 만남이나 경험을 겪으신 적이 있을 것입니다. 크고 작음을 따지지 않는다면 10가지 정도는 떠올리실 수 있지 않을까요? 그렇다면, 여러분은 운이 좋은 사람입니다. '나는 운이 좋다'라고 믿으시기 바랍니다. 앞서 말했듯이, 그렇게 생각하면 더욱 운이 좋아지는 법입니다.

먼저, 100만 분의 1 확률의 경험을 10가지 떠올려보시기 바랍니다. 그리고 그 기적 같은 만남을 글로 적어봅니다. 여러분의 뇌에 '운을 끌어당기는 회로'가 생길 것입니다. 그러면 여러분의 인생은 앞으로 더욱 순조로워질 것입니다. 그렇게 믿어봅시다.

GOOD LUCK!

CHAPTER

6

50세부터 시작하는 '정년 없는 삶'

지금부터는 인생의 후반부, 50세 이후의 삶에 관해 이야기해봅시다. 저는 강연 등을 통해 45~55세까지 조직에 의존하는 방식을 바꾸지 않으면 인생 후반부의 주도권을 잡을 수 없다고 경고해왔습니다. 목표는 '정년이 없는 삶'입니다. '인생의 소비기한을 어떻게 하면 더 길게 유지할 수 있을지'가 핵심이지요.

지금 여러분이 가진 스킬 중에서 조직 밖에서도 통하는 능력, 즉 시장 가치(Market Value)가 있는 스킬이 무엇인지를 고심하고, 그것을 비즈니스로 연결해봅시다. 과감하게 이직을 해도 좋고, 부업이나 주말 창업도 하나의 방법이 될 수 있습니다. 그렇다고 해서 새로운 사무실을 차리거나 직원을 고용할 필요는 없습니다. 더 간단한 방법이 있습니다. 그 과정에서 가장 중요한 것은 역시 희소성입니다. 이번 장에서는 자신의 희소성을 높이고, 조직이나 나이에 구애받지 않는 삶을 사는 방법에 관해 이야기해보도록 하겠습니다.

포장마차를
시작해보자

　이전 장에서 소개한 히라바야시 요시히토 씨가 운영에 관여했던 '우카이테이(うかい亭)'는, 원래 꼬치구이 포장마차에서 시작되었다고 합니다. '포장마차'라고 하면 흔히 꼬치구이, 라멘, 오뎅 등을 떠올리실 텐데요. 요새는 멜론빵을 구운 만큼만 판매하는 스타일도 있는가 하면, 침이나 뜸도 시술하는 출장 마사지와 같은 형태로 서비스하는 경우도 있습니다.

　즉, 포장마차는 일종의 개인 사업자라고 볼 수 있습니다. 개인사업을 하거나 회사를 설립하는 데 반드시 사무실이나 매장이 필요한 것은 아닙니다.

　저는 40세 때 '펠로우'라는 길을 택했습니다. 즉, 프리랜서가 된 것이지요. 하지만 새롭게 사무실을 차리거나 하지는 않았습니다. 자택에서, 제 컴퓨터로 일을 시작했지요. 물론, 도심 한복판에 사무실을 마련하고, 비서를 두고 일하면 멋지겠다고 상상해본 적은 있습니다. 하지만 그러려면 연간 1,000만 엔 단위의 고정비가 발생합니다. 그러면 차라리 웹사이트 쪽에 힘쓰는 편이 영업적인 측면에서 훨씬 이득이라고 판단했습니다. 간단한 미팅이라면 집에서 30분 거리에 있는 시부야의 카페를 이용하면 되고, 회의가 필요하다면 상대방 사무실에 방문하면 됩니다. 직원 없이, 사무실이나 매장 없이, 공장 같은 설비 투자 없이…. 개인 사업을 시작할 때는 이처럼 최소한으로 시작하는 것이 이상적입니다.

'정년이 없는 삶'을 위해서는 현재 소속된 조직 밖에서 돈을 벌 수 있는 능력을 갖추는 것이 중요합니다. 그 첫걸음으로 개인 사업자를 목표로 삼아봅시다. 시작은 30대든, 40대든, 50대든, 60대든 언제 시작해도 상관없습니다. 가장 중요한 것은 '포장마차'를 운영한다는 감각으로, 1인 사장 겸 직원인 스몰 비즈니스부터 시작하는 것입니다. 어디까지나 1인 창업을 해서 개인 사업자로 활동하는 것을 전제로 삼는 것이지요. 이렇게 하면 정년이라는 개념이 사라지고, 은퇴 후에도 사회와 계속해서 연결될 수 있습니다.

인생은
특별한 마라톤

　많은 사람이 인생을 마라톤에 비유합니다. 하지만 이 마라톤은 일반적인 규칙과 다르다는 사실을 인식할 필요가 있습니다. 일단, 출발선에는 1세대, 약 70~200만 명이나 서 있습니다. 게다가 출발 신호도 울리지 않지요. 즉, 언제든지 원하는 순간에 출발할 수 있습니다.

　길가에는 관중들이 서 있는데, 어떤 방식으로 응원하든 자유입니다. 손뼉을 쳐도 되고, 응원 구호를 외쳐도 됩니다. 가까이 다가가 물을 건네줘도 되고, 도시락을 건네줘도 되지요. 심지어 함께 달려줄 수도 있습니다. 참고로 여기서 관중이란, 일반 사람들을 말합니다. 또한 주자는 어떤 길을 달릴지, 어디를 목표로 삼을지 자유롭게 정할 수 있습니다. 코스는 정해져 있지 않습니다. 한 가지 길만 존재하는 것이 아니라 수많은 길이 존재합니다. 이것이 바로 인생이라는 마라톤의 규칙입니다.

　이 마라톤에는 알기 쉬운 요령이 딱 한 가지 있습니다.
　바로, 출발 신호가 울리지 않기 때문에 먼저 출발하는 사람이 더 눈에 띈다는 점입니다. 게다가 길이 정해져 있지 않기 때문에 '이 길인가?' 하고 먼저 달리기 시작한 사람이 관중들의 주목을 받습니다. 가장 먼저 뛰기 시작한 사람에게 가장 많은 박수가 몰리는 것이지요. 바꿔 말하자면, 사회 전체의 에너지는 가장 먼저 움직이는 사람에게 집중되기 마련입니다. 끝까지 완주할 수 있을지는 알 수 없지만 엄청난 응원을 받으며 달릴 수 있습니다. 응원 에너지를 받는 사람이 유리한 것은 명백한 사실입니다. 앞서 행동하는 것이 이렇듯 굉장히 중요합니다. 즉, 무엇이든 제1호는 늘 바람직하다고 할 수 있습니다.

이와 관련해서 앞서 언급한 것처럼 저는 도쿄도에서 '의무교육 역사상 첫 민간인 교장'이 되었습니다. 만약 제가 두 번째나 세 번째였다면, 그렇게까지 주목받거나 제 이름을 기억해주지는 않았을 것입니다. 제1호였기 때문에, 다니카와 슌타로 씨나 노벨상을 받은 지 얼마 안 된 고시바 마사토시 선생님께서 응원하러 와주셨던 것입니다.

일본인 최초의 ○○, 세계 최초의 ○○라는 수식어는 항상 큰 화제가 됩니다. 하지만 두 번째는 그렇게 되지는 않지요.
다음으로 몇 가지 사례를 예로 들어보겠습니다.

- 일본 최초의 패스트푸드점 : 1970년 '돔돔버거'(도쿄도 마치다시町田市)
- 일본 최초의 100엔 숍 : 1985년 '100엔 숍'(아이치현 가스가이시春日井市)
- 세계 최초의 스마트폰 : 1994년 'IBM Simon'(미국)
- 세계 최초의 하이브리드 자동차 : 1997년 '도요타 프리우스'(일본)
- 세계 최초로 프로 바둑기사를 이긴 AI : 2013년 '포난자'(일본)

꼭 세계 최초나 일본 최초가 아니더라도, 예를 들어 샌프란시스코 최초의 초밥집, 지역에서 가장 먼저 생긴 피트니스 센터 등도 충분히 화제가 될 수 있습니다. 또한 창업자 이익도 얻을 수 있지요.

온라인 개인 학원을 설립한다

제1호는 창업자 이익을 얻을 수 있습니다. 이것은 여러분이 '개인 사업자나 프리랜서'로서 운영할 '포장마차'를 고려할 경우에 중요한 요소가 됩니다.

구체적인 예를 들어보겠습니다.

- 어떤 분야에서 제1호가 된 연수 강사
- 어떤 분야에서 제1호가 된 서적 저자
- 어떤 분야에서 제1호가 된 치료사(테라피스트)
- 어떤 분야에서 제1호가 된 자문가 / 컨설턴트
- 어떤 분야에서 제1호가 된 아티스트

예를 들어 연수 강사가 되려고 한다면, 연수 강사 혹은 강연을 소개하는 기업인 'PERSONNE'의 홈페이지를 살펴보면 각 분야에 어떤 강사가 있고, 시세가 어떻게 형성되어 있는지 감을 잡을 수 있습니다. 강사 직군은 시간당 급여가 매우 높은 직업 중 하나입니다. 하지만 1회당 강연료에는 다음과 같은 등급 차이가 있습니다.

- 3~5만 엔의 교통비 수준의 강연료를 받는 강사
- 10만 엔 전후의 시주금(사례비)을 받을 수 있는 강사(불경을 외우는 승려 포함)
- 20~30만 엔을 받는 대학 객원 교수급 강사
- 50만 엔을 받을 수 있는 희귀 분야의 프레젠테이션 능력이 뛰어난 강사
- 100만 엔을 받을 수 있는 연예인급 강사

이보다 더 높은 수준으로는 하버드대 유명 교수, 전 미국 대통령 등이 존재합니다. 이러한 차이를 만들어내는 요인은 바로 희소성입니다.

저는 앞서 언급한 PERSONNE에 등록된 8,000명의 강사들 중 의뢰 횟수 베스트3에 선정된 적이 있으며, 유튜브에 등록된 제 강연 영상 중에도 조회수가 높은 것들이 있습니다(물론 조회수가 아무리 늘어나도 제게는 단 1엔도 들어오지 않지만요).

- '단 한 번뿐인 인생을 바꿀 공부를 하자' → 조회수 360만 뷰 이상
- '10년 후, 당신에게 일이 존재할까?' → 조회수 180만 뷰 이상

이것은 제가 '일본 최초'라는 수식어를 포함해 희소성을 확보했기 때문입니다. 그러므로 여러분들이 만약 어떤 분야에서 '최초'라는 타이틀을 가지고 계시다면, 반드시 그것을 활용해보시기 바랍니다.

복잡하게 생각할 필요 없습니다. 무언가 특출난 스킬이 있다면 온라인으로 학원이나 서당을 개설하고, 그 분야에서 '선생님!'이라고 불리

는 것을 목표로 하면 됩니다. 지식이나 기술 분야에서 '선생님'으로 불린다는 것은 해당 분야를 마스터했다는 의미입니다. 그리고 이를 비즈니스로 환원시키는 것이 중요합니다.

내가 주목하는
5+3 분야

희소성을 어필하기 위해서는 이미 '프로' 수준의 스킬을 갖춘 능력이나 기술 분야가 가장 적합합니다. 하지만 앞으로 1만 시간을 투자해 새로운 스킬을 습득하고자 한다면, 아래 제가 주목하고 있는 분야를 예로 들었으니 참고해보시기 바랍니다.

5가지 기술과 3가지 과제입니다.

① 정보 기술
② 환경 기술
③ 에너지 기술
④ 유전자(DNA) 기술
⑤ 식량 자급 기술

ⓐ 교육
ⓑ 간병을 중심으로 한 의료
ⓒ 주택 + 지방자치

이러한 분야들은 앞으로 성숙 사회 일본에서 필수적으로 요구될 것입니다. 이 중에서 여러분이 흥미를 느끼는 것, 할 수 있을 것 같은 것을 찾아보시면 어떨까요? 단, 그러기 위해서 필요한 것이 있습니다. 집요하다고 생각하실 수 있겠지만, 바로 1만 시간을 투자하는 것입니다. 이것은 20대든, 30대든, 40대든, 50대든 변함이 없습니다. 그렇다면, 가정이나 직장에서 그에 걸맞는 위치에 있는 50대 이후의 분들에게는 2가지 구조 조정이 필요합니다.

시간을 사용하는 방식을 바꾼다

　50대 이후에 필요한 구조 조정은 시간과 돈입니다. 그보다는 시간과 돈에 대한 사고방식을 바꾼다는 말이 더 적합하겠네요. 먼저, 시간에 관해 설명하도록 하겠습니다.

　'바빠서 시간이 없다.' 50대 이후 사람들이 자주 하는 말입니다. '바쁘다?', 인정합니다. 하지만 '시간이 없다?' 이 말은 인정할 수 없습니다. 저는 CHAPTER 2에서 JPH, 즉 '접대(Jeopde)', '평가(Pyeongga)', '회의(Hoeeui)'에 소비하는 시간을 최대한 줄여야 한다고 말씀드렸습니다.

　이런 것들에 시간을 빼앗기면, 자신의 희소가치를 높이기 위한 시간을 확보할 수 없기 때문입니다. '시간이 없다'고 말하는 사람들은 JPH를 비롯해, 시간을 효율적으로 구조 조정하지 못하고 있는 경우가 많습니다. 따라서 불필요한 시간을 줄이고, 가능한 한 1만 시간을 확보하도록 합시다. 그러기 위해서 시간을 돈으로 사는 방법도 있습니다. '그런 게 가능한가?' 의아해하시는 여러분들을 위해, 이해하기 쉬운 예를 하나 들어보겠습니다.

와다 중학교 교장 시절, 저는 아침에는 버스를 타고 출근했지만, 퇴근이 늦어질 때는 택시를 이용했습니다. 집까지 약 1,200엔 정도 들었지요. 물론, 교육위원회에서는 교통비로 버스비만 인정했기 때문에 자비 부담이었습니다. '출퇴근에 택시를 타다니?'라고 생각할 수도 있겠지만, 그럴 만한 이유가 있습니다. 밤에는 버스 배차 간격이 길어져 기다리는 데 시간이 오래 걸렸기 때문입니다. 물론, 버스를 타면 비용을 아낄 수 있지만, 그만큼 시간을 희생해야 했습니다. 저는 그 희생이 합리적이지 않다고 판단했습니다.

이러한 발상의 근거가 된 것은 시간을 자신의 시급으로 계산하는 개념에 있습니다. 택시를 타고 돌아오면 귀중한 하루 시간 중 30분을 절약할 수 있습니다. 그곳에 1,200엔 정도를 투자한 것이라면 오히려 훨씬 저렴한 셈이지요.

'바빠서 시간이 없다'라는 사람은 시간에 대한 의식이 낮다고 할 수 있습니다. 누구에게나 하루는 24시간뿐입니다. 그렇다면 어떻게 하면 시간을 만들 수 있을까요? 이를 위해서는 아웃소싱을 더 많이 활용하는 것도 좋은 방법입니다. 돈을 사용해 전문가에게 맡기는 것입니다.

예를 들어, 집 청소 등은 가사 대행 서비스 업체에 맡겨보는 것은 어떨까요? 자신의 시급으로 계산해보고, '과연 직접 청소하는 것이 경제적으로 타당한지', '그보다는 차라리 자신의 전문성을 키우는 데 그 시간을 투자하는 것이 더 효율적일지'를 생각해보는 것입니다. 시간적 여유가 있는 사람들은 '시간을 돈으로 사는 것'을 마다하지 않습니다.

단, 절대로 수면 시간을 줄여서는 안 됩니다.

돈을 쓰는
방식을 바꾼다

다음으로, 돈에 관해 이야기해보도록 합시다.

여러분이 50세가 넘었다면, 이제는 돈이란 대체 무엇인가에 대해 다시 한번 깊이 생각해봐야 합니다. 그렇지 않으면, 다음 장에서 설명할 60세부터 필요한 돈에 대해 아무런 준비를 하지 못한 채 60세를 맞이하게 될 것이기 때문입니다.

과연 돈이란 생활을 위한 것일까요? 아니면 사치를 위한 것일까요? 혹시, 마음의 안정을 가져다주는 것이지는 않나요?

저는 돈을 어떻게 쓰는지 그 방식에 그 사람의 인생이 드러난다고 생각합니다. 돈은 그저 수단일 뿐, 돈 자체가 인생을 풍요롭게 해주는 것은 아닙니다. 물론, 돈이 쌓이는 것 자체에서 쾌락을 느끼는 사람도 존재하는 것 같습니다. 하지만 돈은 제대로 사용해서 인생을 더욱 풍요롭게 만들어야 합니다.

우리는 100엔 단위, 1,000엔 단위의 돈을 쓰는 것에는 익숙합니다. 전단지나 인터넷을 유심히 살펴보며 즐겁게 쇼핑하면, 그 나름의 만족감을 얻을 수 있습니다. 반면, 100만 엔 혹은 1,000만 엔 단위의 지출은 매우 신중해집니다. 하물며 아파트와 같은 부동산을 구매할 때는 더욱 신중히 검토하고, 결정을 내리기까지 오랜 시간을 들입니다. 그 과정에서 여러 조건을 고려하기 때문에, '구매한 순간 대실패!'라는 일은 거의 발생하지 않습니다. 문제는 1~100만 엔 단위의 돈을 어떻게 사용할지입니다.

가정에서도, 학교에서도, 회사에서도 이 구간의 돈을 다루는 방법에 대해서는 가르쳐주지 않습니다. 그 결과, 많은 사람들이 살 수 있을지, 없을지에 같은 이분법적인 선택을 내리고는 합니다. 즉, '어떻게 살 것인가?', '이 돈을 어떻게 활용할 것인가?'와 같은 고차원의 사고에 도달하지 못한 채 어른이 되는 것이지요. 그러나 이 금액대의 돈을 효과적으로 사용하는 능력을 단련하면 여러분의 개성은 더욱 빛나게 될 것입니다. 저는 어느 순간, 이 구간의 돈을 어떻게 사용할지 그 원칙을 정했습니다. 그것은 바로, '사람과의 인연을 맺는 이야기가 있을 때만 돈을 쓴다'라는 것입니다.

현대 사회에는 정보가 흘러넘칩니다. 개인과 개인이 LINE 등과 같은 SNS를 통해 직접 연결되어 있고, 뉴스 랭킹도 순식간에 바뀝니다. 이런 끊임없는 소모전에 휘말리지 않고, 나만의 이야기를 만들어나가는 것에 집중하는 것이 중요합니다. 저는 다른 사람과의 인연을 맺는 이야기를 만드는 데에만 돈을 쓰기로 결정했습니다. 이것은 바로 '자신의 희소성을 높이는' 돈의 사용법이기도 합니다.

그 구체적인 방법으로 3가지가 있습니다.

프로를 구매하기

첫 번째 방법은 '프로를 구매'하는 것입니다. 이는 '전문가를 내 편으로 만든다'라는 의미입니다. 자신의 생각을 블로그에 포스팅하면 훌륭한 정보 제공이 될 수 있습니다. 하지만 거기서 한 걸음 더 나아갈 수 있습니다. 예를 들면, 책을 출판하는 것입니다.

여기서 많은 사람이 돈을 들여 자비출판 서비스 업체나 제본소에 의뢰를 합니다. 하지만 제가 추천하는 방법은 '프로를 구매'하는 것입니다. 즉, 프로 편집자에게 원고를 읽어봐달라고 요청하고, 프로 디자이너에게 표지와 내지 디자인을 맡기는 것입니다. 물론, 그만큼 비용이 발생해 아까운 기분이 들 수도 있겠지만, 그렇게 하지 않으면 더 큰 손해입니다.

왜냐하면, 퀄리티가 압도적으로 높아지기 때문입니다.

편집자는 망설임 없이 '재미없다'라고 말해줄 것이고, 그들의 조언과 손길을 거치면 문장은 더욱 빛을 발하게 됩니다. 저자 사진도 중요합니다. 프로의 손길이 닿으면 표정이 달라집니다. 책 디자인 역시 작품의 특성을 살린 독창적인 스타일로 변신하게 되지요.

또한, 편집자, 사진작가, 디자이너에게 정당한 보수를 주고 의뢰를 맡기면 그들과 인연이 생기고 새로운 이야기가 탄생할 것입니다. 여기서 아마추어와 프로의 차이를 확실히 느끼실 수 있겠지요? 그 차이와 결과를 구매하는 것입니다. 그렇게 탄생한 작품은 여러분의 희소성을 더욱 높여줄 것입니다.

아바타를 구매하기

두 번째 방법은 '아바타를 구매'하는 것입니다. 이것은 자신이 하지 못하는 일을 대신해줄 사람을 지원하는 것을 의미합니다. '아바타'란 자신을 대신해 행동해주는 사람입니다. 아바타를 많이 육성함으로써 그들이 전투하고 있는 영역에서 나 역시 간접적으로 참여할 수 있습니다. 즉, '대리전쟁'을 통해 사회에 공헌할 수 있는 것입니다.

오해하지 마시기 바랍니다. 이것은 단순한 기부가 아닙니다.
막연히 모르는 단체에 돈을 기부하는 것이 아니라, 그 활동이 목표로 하는 바를 명확히 파악한 후에 그 사람이나 단체를 지원하는 것입니다. 그렇게 하면, 자신이 하는 일에 대한 확신과 만족감을 얻을 수 있습니다.

제가 '아바타'라는 단어를 선택한 이유는 '분신'이라는 뉘앙스를 함축하고 있기 때문입니다. 이는 부하가 아니라, 어디까지나 자기 자신의 분신입니다. 마치 '손오공의 분신술' 같은 느낌이지요. 자신이 하고 싶지만, 시간과 공간의 제약으로 직접 할 수 없는 경우가 있습니다. 그렇기 때문에 열정과 능력이 있는 젊은 사람을 돈과 뜻으로 물심양면 지원해 그들이 대신 활동할 수 있도록 돕는 것입니다. 이 과정에서, 아바타와 여러분 사이에 또 하나의 '이야기'가 탄생합니다.

저는 지금까지 아바타를 구매함으로써 다양한 '대리전쟁'을 치러 왔습니다. 예를 들어, 동일본 대지진 이후, 다치바나 다카시(立花貴) MORIUMIUS 대표 이사를 지원했습니다.

전직 상사맨이었던 다치바나 씨는 센다이시(仙台市) 출신으로, 대지진 당시 어머니와 여동생이 피해를 입었습니다. 그는 지진이 발생한 후 도쿄에서 이시노마키시(石巻市, 미야기현 동부에 위치한 도시)로 주민등록을 옮기며 본격적으로 복구 지원에 나섰습니다. 나아가, 어업 프로젝트를 위해 선박 면허를 취득하고, 직접 어부가 되기도 했습니다. 또한, 중학생들의 학습 지원, 양식업 복구, 600년 동안 이어져 내려온 무형 문화재 '오가츠 법인 가구라(雄勝法印神楽, 이시노마키시의 옛 지명인 오가츠에서 가장 뛰어난 스님인 법인들이 행한 가구라(일본의 전통 무악))'의 부활 등, 하나하나 성실하게 추진해나가는 모습에 저는 깊이 공감했고, 존경하는 마음을 품었습니다. 그래서 파트너십을 맺고, 다치바나 씨의 단체를 지속적으로 지원하게 되었습니다. 이렇게 함으로써, 저는 다치바나 씨라는 아바타와 협업하며, 지진 복구를 마치 제 일처럼 체험할 수 있었습니다.

아바타 육성은 '궁극의 곱셈 기술'이기도 합니다. 이는 자신의 희소성을 높이는 동시에, 사회와의 교류를 확장할 수 있는 수단입니다.

커뮤니티를 구매하기

세 번째 방법은 '커뮤니티를 구매'하는 것입니다. 이는 커뮤니티 만들기에 돈을 투자하는 것을 의미하며, 50세 이후 인생에서 가장 의미 있는 돈 쓰기 방법입니다. 커뮤니티를 만들지 못하는 사람은 쓸쓸한 인생을 살게 됩니다. 아무리 돈이 많아도 마찬가지지요.

시대가 쇼와(昭和)에서 헤이세이(平成), 그리고 레이와(令和)로 바뀌면서, 가족은 더 이상 '집단'이라 불릴 수 없는 형태가 되었습니다. 핵가족화와 저출산이 가속화되면서, 혼자 사는 1인 가구도 증가하고 있습니다. 또한, 성숙 사회에서는 가족 한 사람, 한 사람이 개인화되고 있습니다. 같이 거실에 있어도, 제각각 다른 일을 하고 있는 가정도 적지 않지요.

회사 내 커뮤니티 역시 쇠퇴하고 있습니다.

종신고용은 환상이 되고, 비정규직이 일상화되면서 인간관계는 급격히 희박해지고 있습니다. 개인정보 보호 차원에서 주소록이 사라지고, 연하장을 주고받는 문화도 점점 사라지고 있습니다. 동료와의 대화나 상사에게 보고하는 경우도 이메일로 이루어지며, 즉흥적으로 술자리를 갖는 일도 줄어들었습니다. 이제는 사무실 근처 식당에 가는 것조차 사전에 일정을 조율해야 하는 상황이 되었습니다.

하지만 인간은 사회적 동물이며, 혼자서는 살아갈 수 없습니다. 자신을 받아들여 줄 '자리', 가능하면 속마음을 털어놓을 수 있고, 고민을 나누며 기쁨을 공유할 수 있는 깊은 관계가 필요합니다. 따라서 가족이라는 기반과는 별도로, 몇 가지 분야에서 '사회적 중간 집단' 역할을 하는 커뮤니티에 소속될 수 있도록 해야 합니다. 그러면 자신의 사명과 역할을 발견할 수 있습니다. '누군가를 위해, 혹은 무언가를 위해 공헌한다'. 아마 직접 경험해보신 분들이라면 바로 이해하실 테지만, 그것이야말로 내일을 살아가는 이유가 될 것입니다. 그리고 그 과정에서 새로운 이야기가 탄생하게 됩니다.

커뮤니티는 취미든 스포츠나 봉사활동이든 무엇이든 상관없습니다. 자신의 개성을 받아들여 줄 사람들과 유대감을 형성하기 위해, 돈을 기꺼이 사용해야 합니다.

자신을
헐값에 팔아본다

　50세 이후, 이직하거나 새로운 비즈니스를 시작할 때 걸림돌이 되는 것이 있습니다. 그것은 바로 수입입니다. 일본에서는 아직도 연공서열형 임금 체계를 유지하는 기업이 많기 때문에, 50세쯤 되면 그에 맞는 높은 수입을 받고 있습니다. 따라서 회사를 그만두면 수입이 줄어들기 때문에 쉽게 결단을 내리지 못합니다. 하지만 조직 밖으로 나오자마자 수입이 줄어든다는 것은 현재 여러분이 가진 '시장 가치'가 그 정도 수준에 불과하다는 것을 의미합니다.

　이럴 때는, 과감히 스스로를 헐값에 파는 용기를 가져봅시다. 스스로를 헐값에 팔아야 한다는 것은, 그만큼 지금의 자신에게 유리한 환경에서 멀리 떨어진 곳(즉, 지금까지의 스킬이 통하지 않는 곳)으로 돌아서는 것과 다름없습니다. 이러한 과감한 선택으로 인한 서로 다른 커리어의 조합이 예상치 못한 놀라운 결과를 실현시키는 경우도 많습니다. 자신을 헐값에 파는 경험이 오히려 '커리어의 대삼각형'의 면적을 더욱 크게 확대시킬 수 있는 기회가 되는 것이지요.

　와다 중학교 교장이 되었을 때, 제 연봉은 3분의 1로 줄어들었습니다. 하지만 그것은 예상했던 일이었기에 충분히 납득할 수 있었습니다. 수입이 크게 줄어들더라도, 저는 지금까지의 커리어의 연장 선상에 없었던 새로운 일을 선택했습니다. 일부러 스스로를 헐값에 내놓은 셈이지요.

이직하는데 연봉이 급격히 감소하다니, 이상하게 생각하실 수도 있겠네요. 연봉이 급격히 상승하면 몰라도 급격히 감소하는 것은 좀 꺼려지니까요. 저는 리크루트라는 민간 기업에서 매니지먼트를 마스터했지만, 그 무기가 공교육이나 학교 운영에서도 통할지는 짐작할 수 없었습니다. 미지의 세계로 가는 것이니, 저 자신을 위한 '연수비'는 스스로 부담해야 한다고 생각했습니다.

그렇습니다. 저는 새로운 1만 시간을 이곳에서 쌓으려 한 것입니다. 연수비를 내더라도 실전 훈련을 받아야겠다고 마음먹은 것이지요. 반대로, 자신을 비싸게 팔려고 하면 희소성이 사라지기 마련입니다. 왜냐하면, 그것은 누구나 선택하는 길이기 때문입니다. 희소성을 높이기 위한 기회를 잡기 위해서는 '헐값 판매' 전략이 효과를 발휘할 수 있습니다.

저는 지금도 이 원칙을 고수하고 있습니다. 기업이나 조직을 대상으로 한 강의에는 정당한 대가를 받지만, 앞서 언급했듯이 중·고등학교 수업이나 대학교 강의에서는 돈을 받지 않습니다. 무상입니다. 왜냐하면, 제 최우선 과제는 공교육 개혁이기 때문입니다. 하고 싶은 일, 경험하고 싶은 것은 스스로를 낮추면서 얻어내야 합니다. 무보수라도 달려가야 하지요. 하고 싶은 일이나 배우고 싶은 기술이 있다면 오히려 돈을 내고서라도 참여해야 합니다.

이것이 미지의 스킬을 익히는 지름길입니다. 첫 경험은 돈의 많고 적음을 떠나서 그 무엇보다 중요합니다. 돈을 벌어들이는 장소와 무보수로 공헌하는 장소를 구분하도록 합시다.

자신을 해방한다

50세가 넘으면 새로운 세계로 나아가기를 주저하는 사람이 많아집니다. 그 이유는 앞서 언급한 수입 문제뿐만 아니라, 자신의 능력에 대한 의구심도 있습니다.

'나는 희소성 있는 인재가 될 수 있을까?', '이직해서 잘 해낼 수 있을까?', '개인 사업자가 될 수 있을까?', '하물며 창업이라니…, 나는 그럴 사람이 아니다. 나와는 맞지 않는다'.

그런데 과연, 정말 그럴까요?

'자기 탐색'이라는 말이 있습니다. 어딘가에 '진정한 나'라는 것이 존재하며, 그것은 변하지 않는다고 생각하는 것이지요. 그래서 여행을 떠나면 그러한 나 자신을 발견할 수 있지 않을까 생각합니다. 하지만 이런 것은 억지스러운 사고방식입니다. 〈자료 13〉에서 볼 수 있듯이, 우리 주변에는 다양한 사람들이 있고, 여러 가지 환경과 상황이 존재합니다. 그리고 그 모든 것의 집합체가 바로 '여러분'인 것이지요.

사실, 여러분은 지금까지 환경이 바뀌었거나, 사람들과의 만남을 통해 스스로 변화한 경험을 해보신 적이 있나요? 의외로, 별다른 노력

자료 13. 나 자신이란?

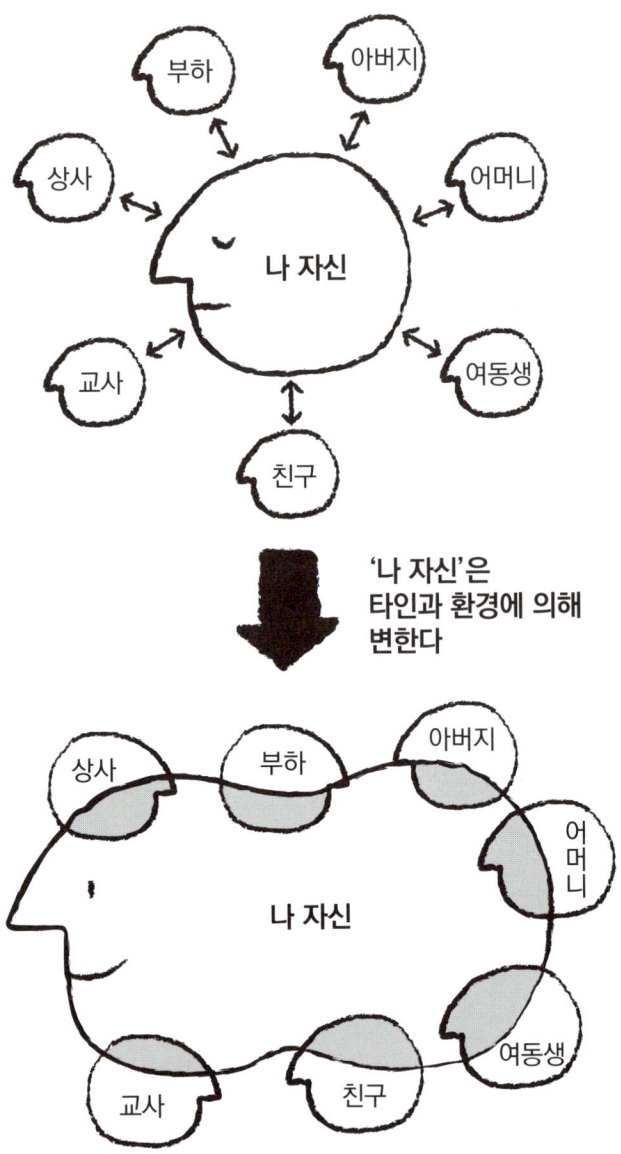

없이도 쉽게 변하지는 않았나요? 즉, 개체처럼 고정된 '자신'이란 존재하지 않습니다. 인간은 타인과 환경에 의해 변화하는 존재입니다.

친구와 있을 때의 나 자신도, 부모와 있을 때의 나 자신도, 회사 상사와 있을 때의 나 자신도 모두 다 '나'입니다. 다만, 각각의 상황에서 나타나는 인격이 다를 뿐이지요. 하지만 그 모든 것을 포함해서 전부 '나' 자신입니다.

이처럼, 나 자신이라고 하는 인간을 다양한 상호작용이 얽힌 집합체, 즉 '자기 네트워크'라고 생각해보면 어떨까요? 여러 곳에 '나 자신'의 조각들이 흩어져 있고, 그것들이 섞이고 연결되면서 하나의 '나 자신'이 형성되는 것입니다. 그렇게 생각해봅시다.

'혹시 나는 희소성 있는 인재가 될 수 있을까?', '개인 사업자가 될 수 있을까?' 여러분이 이렇게 생각하시는 까닭은 지금까지 '자기 네트워크'가 약했기 때문일지도 모릅니다. 단지, 그런 환경이 주어지지 않았고, 그런 사람을 만나지 못했을 뿐일 수도 있습니다.

반대로, 조금만 환경이 변하거나, 새로운 사람을 만나거나, 아니면 이 책을 읽은 것을 계기로 여러분은 변할지도 모릅니다. 이제 멋대로 자기 자신을 제한하는 사고방식을 멈추셨으면 합니다. 이번 기회를 통해 나 자신을 해방시켜보시기 바랍니다. 거듭 말하지만, '나 자신'은 환경과 경험에 의해 변화하는 존재이니 말입니다.

내 안의 '광기'를 키워보자

'50세 이후에도 새로운 세계로 나아가는 것을 마다하지 않는다.' 다만, 그렇다고 해서 아무런 계획 없이 무턱대고 뛰어들라는 것은 아닙니다. '정년 없는 삶'을 살기 위해서는 전략적으로 접근해야 합니다.

고려해야 할 것은 역시 '희소성'이며, 이는 곧 서로 다른 요소를 결합하는 '조합의 묘미'이자 삼각뿔의 부피를 키우는 것이기도 합니다. 무엇보다, 과감하고 깜짝 놀랄만한 것을 추가로 조합하면 주변의 에너지를 끌어모을 수 있습니다. 그리고 주변의 에너지를 모을 수만 있다면, 성공 확률은 더욱 높아지지요.

이를 위해서는 다음과 같은 조건을 의식해야 합니다.

- 사회적 니즈가 있을 것
- 공통의 목적(대의명분)이 있을 것

예를 들어, 제가 '세 번째 발걸음'으로 중학교 교장을 선택했을 때, 전자는 '교육 개혁', '학력 향상', 후자는 '공교육의 악화를 저지하는 것', '이를 지역 사회 어른들의 참여를 통해 실현하는 것'이었습니다. 사회적 분위기를 충분히 끌어들인 다음, 그 속에서 도전하는 것입니다.

사회적으로 의미 있는 분야에서 불리한 싸움을 하는 사람을 보면, 세상은 그냥 지나치지 않습니다. 돕는 사람이 많아지고, 성공 확률 또한 높아집니다. 따라서 사회적으로 의미 있는 분야에서 일부러 불리한 싸움을 시도해보는 것도 하나의 방법입니다. 그 속에서 내가 가진 무기를 어떻게 활용할지를 고민해보는 것입니다.

자, 앞으로 몇 년 안에 스마트폰은 50억 대 이상 보급될 것이며, 전 세계 인구의 절반이 연결되는 시대가 도래할 것입니다. 그렇게 되면, 스마트폰 네트워크가 마치 '대중 매체'처럼 기능하게 되고, 사람들의 가치관과 라이프 스타일이 점점 비슷해질 것이라고 예상됩니다. 말로는 다들 '개성이 중요', '다양성', '다이버시티'라고 말하면서도, 실제로는 점점 더 서로를 닮아가고 있는 것이지요.

저는 이를 가리켜 '중심화' 현상이라고 부릅니다. 이미 지금도 사람들은 똑같은 랭킹을 보고, 같은 가게에 줄을 서고 있습니다. 그렇다면, 어떻게 해야 할까요? 제 결론은 자신 안의 '광기'를 키우자는 것입니다.

생성형 AI조차 예측할 수 없는, 자신의 내면에 숨겨진 '광기'를 키우고, 자신 안에서 혁명을 일으키자는 것이지요. 이제는 그 정도로 과감한 변화가 필요한 시대가 오고 있다고 생각합니다.

CHAPTER

7

60세 이후의 '진정한' 돈 이야기

이 책의 마지막 장에서는 60세 이후의 경제적 상황에 관해서 이야기하도록 하겠습니다. 즉, '60세부터 죽을 때까지 얼마가 필요할지?', '얼마가 있어야 풍족하게 살 수 있을지?', 반대로, '최소한 어느 정도 있어야 자녀나 손자에게 부담을 주지 않고 생을 마칠 수 있을지?'에 관한 이야기입니다.

정년이 65세로 연장되었다 해도, 삶은 그 후 20~30년 동안이나 계속됩니다. 더군다나 조직의 보호도 받지 못하지요. 따라서, 여러분들이 받게 될 연금과 수입, 그리고 필요한 경비(주거비와 식비뿐만이 아닙니다) 사이의 균형을 확인해야 합니다. 만약 그사이에 큰 격차가 있다면 스스로 대비책을 마련해야 하고요.

이번 장에서는, 60세 이후에 실제로 돈이 얼마나 필요하며, 그것을 위해 무엇을 해야 할지에 관해 설명하도록 하겠습니다.

'노후 2,000만 엔 문제'의 진실

2019년 6월, 금융청 금융심의회 시장 실무단의 보고서 〈고령 사회에서의 자산 형성과 관리〉가 발표되면서 큰 파문을 불러일으켰습니다. 그 보고서에는 '노후 30년 동안 약 2,000만 엔이 부족하다'라는 내용이 담겨 있었기 때문입니다. 이른바, '노후 2,000만 엔 문제'입니다.

그런데 이후, 아베 신조(安倍 晋三) 당시 총리는 참의원 결산위원회에서 '부정확하며 오해를 불러일으키는 내용이었다'라고 해명했습니다. 그리고 '공적연금의 신뢰성은 더욱 굳건해졌다고 생각한다'라고 설명했습니다. 즉, 연금만으로 충분히 생활할 수 있다고 주장한 것입니다.

하지만 제 시뮬레이션 결과는 절대 그렇지 않습니다(이 부분에 대해서는 잠시 후에 자세히 설명하겠습니다). 일본의 경우 남성은 1961년생, 여성은 1966년생부터 (각각 4월 2일 이후 출생) 후생연금·국민연금을 모두 65세부터 수령하게 되어 있습니다. 즉, 60세에 정년을 맞이한 후 계속해서 고용되지 않는다면, '5년이라는 공백기'를 거쳐야 하는 것이지요. 이 전제를 염두에 두고, 다음의 내용을 읽어주시기 바랍니다.

60세 이후의 인생을
유형별로 분류하면…

　본격적으로 돈 이야기를 시작하기에 앞서, 60세 이후의 삶을 행복하게 살기 위해 독자 여러분을 유형별로 살펴보도록 하겠습니다. 그것이 〈자료 14〉입니다. 자신이 이 그림의 어디에 속하는지에 따라, 인생의 방향과 돈이 드는 방식이 달라집니다.

　세로축은 60세 이후의 경제적 상황을 나타냅니다. 여러분은 충분한 자산을 보유하셨거나, 안정적인 수입이 보장된 직업을 갖고 계신가요? 아니면, 모아둔 자산이 없고, 현역에서 은퇴했기 때문에 일을 통해 벌어들이는 수입이 전무한 상황이신가요?

　선택지는 이 2가지로 나뉩니다. 위쪽이 경제적 RICH(부유함), 아래쪽이 경제적 POOR(빈곤함)입니다.
　경제적 RICH에 속하는 사람 중에서도, 특히, 아파트 등의 부동산 자산을 통해 임대 수입이 들어오거나, 안정적인 주식 배당을 기대할 수 있는 경우라면, 60세 이후 경제적으로 걱정하지 않아도 될지도 모릅니다. 또한, 의사, 변호사, 세무사 등 전문 자격을 가진 사람 중에는 70대, 80대는 물론 90대까지도 현역으로 활동하며 충분한 수입을 얻

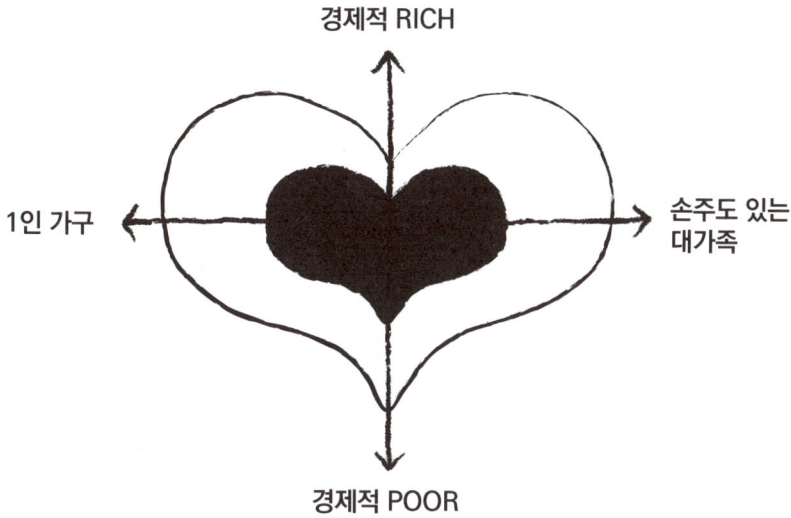

자료 14. 행복관 매트릭스

는 경우도 있습니다. 이러한 직업들은 경험이 쌓일수록 더욱 가치가 높아지기 때문일 것입니다.

반면, 현역에서 은퇴해서 별다른 수입원이 없고, 주식 등의 자산도 없으며, 오직 공적 연금에만 의존하는 생활을 하는 사람들은 금전적으로 매우 어려운 삶을 살아갈 가능성이 큽니다.

가로축은 세대(가구) 구성을 나타냅니다. 가운데는 부부 또는 파트너와 함께 사는 2인 가구, 왼쪽은 혼자 사는 1인 가구, 오른쪽은 같이 살지는 않더라도 손주 등이 있는 대가족입니다.

세대 구성을 가로축으로 설정한 이유는 1인 가구, 2인 가구(부부 또는 파트너), 대가족의 경우 각각 돈이 드는 방식이 다르기 때문입니다. 물론, 연금(후생연금·국민연금)을 납부한 사람의 수와 생활비가 필요한 사람의 수는 일치하지 않습니다.

〈자료 14〉의 매트릭스에 따르면, 행복의 유형은 대략 4가지 영역으로 나뉩니다. 오른쪽 위의 '경제적 RICH × 대가족'은 행복한 승자 그룹, 왼쪽 아래의 '경제적 POOR × 1인 가구'는 불행한 패자 그룹으로 보일 수도 있습니다. 하지만 인간의 행복은 그렇게 단순하게 결정되지 않습니다.

경제적으로 POOR한 1인 가구라 해도, 30년에 걸쳐 인류가 아직 풀지 못한 연구에 몰두하는 연구자나, 숲이나 외딴섬에서 검소하게 살아가는 고독한 예술가라면 충분히 행복할 것이라고 상상해볼 수 있기 때문입니다. 이 매트릭스는 어디까지나, 60세 이후의 삶을 살아가는 개인·가구가 어떠한 수입을 얻고, 어떠한 지출이 있는지를 분석하기 위해 작성한 것이기 때문입니다.

지출
– 얼마가 있어야 생활할 수 있을까?

그럼, 지출에 관해 이야기해보도록 하겠습니다. 〈자료 15〉는 경제적 중위(미들, 어퍼 미들 클래스) 소득 수준의 2인 가구를 모델로 하고 있습니다. 이는 시뮬레이션을 쉽게 하기 위해서입니다.

60세 이후 들어가는 비용은 크게 '주거비' '교육비' '생활비' 이 3가지로 나뉩니다. '주거비'에 대해서는 자가에 거주하고 있으며, 주택담보 대출을 전액 상환한 상태를 전제로 했습니다. 그럼에도 아파트에 살면 매달 관리비가 발생하고, 단독주택 역시 유지비·수리비가 듭니다. 관리비와 수도광열비(생활비가 아닌 주거비로 계산)를 합해 월 5만 엔 정도로 잡았습니다. 만약 임대주택에 거주하는 경우, 여기에 월세를 추가해주시기 바랍니다.

'교육비'는 자녀 양육이 끝났다는 전제로 계산에 포함하지 않았습니다. 다만, 자녀의 대학이나 학교 사정에 의해 아직 지출이 계속되는 경우에는 여기에 포함시켜야 합니다. 나머지는 '생활비'가 얼마나 드는지의 문제입니다. 어떤 생활 수준을 유지하느냐에 따라 천차만별이지만, 여기서는 다음과 같이 가정했습니다.

자료 15. 지출

2인 가구 가계비

1) 주거비 머무를 집(자가)이 있고 주택담보 대출은 이미 상환한 상태를 전제로,
관리비 + 수도·광열비 = 월 5만 엔
*임대주택에 거주할 경우 월세 추가

2) 교육비 자녀 양육이 종료된 상태를 전제로 여기에서는 계산에 넣지 않는다.

3) 생활비
식비	6만 엔	의료비	2만 엔
사교·오락비	4만 엔	세금	3만 엔
교통·통신비(스마트폰)	3만 엔	기타	2만 엔

} 월 20만 엔

가계비 합계 1) + 2) + 3) = 월 25만 엔

어디까지 손익분기점을 낮출 수 있을까?

 2인 가구로 '식비'는 월 6만 엔 (1인당 하루 1,000엔), '사교·오락비' 월 4만 엔, '교통·통신비' 월 3만 엔, '의료비' 월 2만 엔, '세금' 월 3만 엔, '기타' 월 2만 엔이라고 가정했을 경우 생활비는 월 20만 엔이 든다고 볼 수 있습니다.

 따라서, '주거비' + '교육비' + '생활비' = 25만 엔이 필요한 것이지요.

 이 금액을 보고, 여러분은 어떻게 느끼셨나요?
 '너무 많지 않나? 더 절약할 수 있지 않을까?'라는 생각이 드셨나요? 아니면, '아니야, 오히려 더 많이 들지 않을까?'라는 생각이 드셨나요? 사람마다 제각각 다양한 생각이 들 것입니다.

자료 16. 수입

```
┌─────────────── 2인 가구 연금 수입 ───────────────┐

 유형 1    부부(파트너) 둘 다 자영업자로 국민연금만 수령하는 경우    월 13만 엔 전후

 유형 2    직장인(후생연금 수령)과 전업주부(남편)으로 이루어진 경우   월 22만 엔 전후

 유형 3    맞벌이로 양쪽 모두 후생연금을 수령하는 경우           월 30만 엔 전후

          가계비가 월 25만인 경우
          유형 1. 13만 − 25만 = 12만 엔 적자   →   연간 144만 엔 적자
          유형 2. 22만 − 25만 = 3만 엔 적자    →   연간 36만 엔 적자
          유형 3. 30만 − 25만 = 5만 엔 흑자    →   연간 60만 엔 흑자
```

   신문, TV, 인터넷에서는 '표준'이라든가, '평균값'을 자주 보도하고는 합니다. 하지만 이제는 '평균'이라는 개념은 더이상 의미가 없다는 사실을 이해할 필요가 있습니다. 따라서, 여기서 제시한 모델을 참고해 여러분의 상황에 맞는 숫자를 직접 계산해보셔야 합니다. 이때 중요한 것은, 납득할 수 있는 생활을 유지하면서도 지출(월 25만 엔)을 어디까지 줄일 수 있는지를 파악해야 한다는 점입니다. 이것은 자신의 생활에 대한 손익분기점을 파악하기 위해서이기도 합니다.

   여기서 '만족'이라는 단어 대신 '납득'이라는 표현을 사용한 이유는 만족은 순간적인 감정으로, 그 순간에는 만족해도 나중에 불만이 쌓일 수 있기 때문입니다. 반면 '납득'은 이성적인 판단을 의미합니다. 예를 들어, '월 15만 엔의 생활비로도 우리는 충분히 납득할 수 있다'라고

파트너와 합의해두면, 불의의 사고나 갑작스러운 입원 등으로 경제적으로 어려워지더라도, 생활을 유지하려는 결심이 설 수 있습니다. 즉, 자신이 납득할 수 있는 수준에서 지출의 한계점을 파악하는 것은 여러분들이 반드시 하셔야 하는 필수 과정입니다.

수입
– 연금 수입은 얼마나 될까?

다음으로, 수입에 관해 이야기해보도록 하겠습니다.

〈자료 16〉은 여러분의 연금 수입을 대략 계산한 예시입니다. 다만, 어디까지나 하나의 사례일 뿐이니 반드시 일본연금기구(日本年金機構)에서 발송하는 '연금 정기 통지서' 등을 통해 개별적으로 확인하시기 바랍니다.

유형 1은 부부(혹은 파트너)가 모두 자영업자로 국민연금만 가입한 경우입니다. 이 경우, 연금 수입은 월 13만 엔 전후가 됩니다(2024년 3월 시점 기준, 이하 동일).

유형 2는 직장인(후생연금 가입)과 전업주부·전업남편(국민연금 가입)로 구성된 가구의 경우로, 연금 수입은 월 22만 엔 전후입니다.

유형 3은 부부가 모두 맞벌이이며, 둘 다 후생연금에 가입한 경우로, 연금 수입은 월 30만 엔 전후입니다.

〈자료 16〉에서 산출한 수입에서, 〈자료 15〉에서 산출한 지출을 빼면 세대별 수지를 계산할 수 있습니다.

유형 1에서는 연금 수입은 월 13만 엔인데 비해, 지출은 월 25만 엔이기 때문에 월 12만 엔의 적자가 발생합니다. 연간으로 따지면 144만 엔 적자인 셈입니다.

평균 수명(남성 81.05세, 여성 87.09세. 후생노동성 '간이 생명표(2022년)')을 고려해봤을 때, 남성의 경우 21년 더 살면 총 3,024만 엔이 부족하게 됩니다. 30년을 살면 4,320만 엔이 부족한 셈이지요.

유형 2의 경우는 월 3만 엔씩 적자가 발생, 연간 적자 금액은 36만 엔에 달합니다. 수명을 남성 기준에 맞추면 남은 21년동안 756만 엔이 부족, 여성 기준에 맞출 경우 남은 27년 동안 972만 엔이 부족하게 됩니다. 만약 30년을 더 살게 될 경우 1,080만 엔이 부족합니다. 큰 파문을 일으켰던 '노후 2,000만 엔 문제'에서 '노후 30년 동안 약 2,000만 엔이 부족하다'라고 했던 예측이 결코 '부정확한 것'이 아니라는 것을 알 수 있습니다. 오히려 꽤 정확한 수치라고 할 수 있습니다.

유형 3에서는 매달 5만 엔, 연간으로 따지면 60만 엔 흑자입니다. 이 정도라면 1년에 한 번 부부가 국내 여행을 떠날 수도 있어 보입니다. 하지만 고령이 되면 의료비나 간병비가 갑자기 필요해질 수도 있습니다. 그렇게 되면 흑자에서 적자로 전환되는 것도 한순간이지요. 결국 60세 이후의 삶을 대비해 어느 정도 저축해둘 필요가 있습니다.

수입과 지출 관리

유형 3처럼 부부 모두가 후생연금에 가입한 맞벌이가 아니라면, 대부분의 가구는 기본적으로 적자 상태라는 사실이 밝혀졌습니다. 그리고 유형 3이라도 예상치 못한 지출이 발생하면 적자로 전환될 수도 있습니다.

그렇다면, 우리는 수입과 지출을 제대로 관리해야 할 필요성이 있습니다. 지금부터 그 방법에 대해 구체적으로 살펴보도록 하겠습니다.

적자를 없애거나 줄이기

적자가 발생했다면 이를 어떻게 없앨 것인지 고민해야 합니다. 이것은 기업 경영에서도 마찬가지입니다. 지출에서 불필요한 항목이나 우선순위가 낮은 것부터 줄여나가도록 합시다.

예를 들어, 자동차는 어떠한가요? 자동차는 주유비(전기 요금)는 물론, 주차비, 차량 검사 비용, 세금 등 유지비가 많이 듭니다. 그 유지비에 상응하는 가치가 있다면 괜찮지만, 실제 사용 빈도를 생각해보면 일주

일에 한두 번, 그것도 가까운 곳을 이동하는 정도가 아닐까요?

그렇다면 과감하게 자동차를 처분하고 대중교통과 택시 또는 렌터카로 바꿔보는 것은 어떨까요? 택시가 사치라고 생각될 수도 있지만, 자동차 유지비와 비교하면 의외로 합리적일 수 있습니다. 자동차뿐만이 아닙니다. 별장, 반려동물 등 유지비가 많이 드는 것들은 다시 한번 생각해보도록 합시다.

이미 현역에서 은퇴했으니 우리의 의식도 변해야 합니다.

60세까지 수익을 창출하는 자산 마련하기

60세 이후에 적자가 예상된다면, 현역으로 일하는 60세까지 자산을 만들어놓을 필요가 있습니다. 구체적으로는 임대 수입이 기대되는 부동산이나 배당금이 나오는 주식입니다. 여기서 중요한 점은 이것들 모두 매매 차익을 노리는 것이 아니라 정기적인 수입을 얻는 수단으로 생각해야 한다는 것입니다. 어디까지나 안정적인 수입 확보를 목표로 삼아야 합니다.

예기치 못한 지출을 미리 상정해 대비하기

앞서 잠깐 언급했지만, 예기치 못한 지출에 관해서도 이야기해보겠습니다. 물론, 예측할 수 없기 때문에 예기치 못한 지출이 발생하는 것이겠지만, 어떤 일이 일어날 수 있을지를 미리 생각해두는 것이 중요합니다. 그래야 대비할 수 있기 때문입니다.

첫 번째로, 가족의 질병이나 사고입니다.

질병이나 사고는 언제 닥칠지 알 수 없습니다. 또한, 나이를 고려했을 때 치매 등의 질병이 발생할 리스크도 있습니다. 그럴 경우, 간병 비용 또한 만만치 않습니다. 참고로, 저는 40대 초반에 설립된 지 얼마 안 된 민간 기업의 간병 보험에 일시불로 가입해 평생 보장을 확보했습니다.

두 번째는 부모님 간병입니다.

부모님을 간병하게 되는 것은 시간문제일 따름입니다. 이미 오랜 간병 경험이 있거나, 부모님을 떠나보낸 분들도 계실 것입니다. 그 과정에서 상속으로 예상치 못한 수입이 발생할 수도 있지만, 반대로 부모님께 빚이 남아 있다면 부채가 상속될 가능성도 있으므로 주의가 필요합니다.

따라서 미리 부모님께 재정 상황을 확인해두도록 합시다.

형제자매가 있다면, 부모님이 돌아가시기 전에 서로 충분히 논의해야 합니다. 상황이 허락되고 절세 효과가 있다면, 생전 증여 등도 하나의 선택지가 됩니다.

세 번째는 자택의 수리 및 리모델링입니다.

일본은 태풍, 지진, 홍수 등 자연재해가 많은 나라입니다. 최근에는 기후변화의 영향으로 피해 규모도 커지고 있습니다. 따라서 재해 가능성이 큰 지역에 거주하는 경우에는 파손된 주택의 복구 및 리모델링에 예상치 못한 돈이 들 수도 있습니다. 또한, 가족의 간병을 위해 욕

실이나 침실 등을 리모델링해야 하는 경우도 발생할 수 있습니다. 물론, 간병 보험이나 보조금을 사용할 수 있는 경우도 있기 때문에 관련 정보를 사전에 조사해두도록 합시다.

자신에 관한 교육비를 늘리기

자녀의 교육비는 줄어들거나 없어질 수 있지만, 자신을 위한 교육비에는 더 투자하는 편이 좋을지도 모릅니다. 인생이 90세, 100세 시대가 된다면 배움을 지속해야 60세 이후에도 활기찬 삶을 유지할 수 있습니다. 그러지 않으면, 60세 이후부터 삶이 점점 위축될 수 있습니다. 그렇게 되면 조금 아쉽겠지요? 또한 자극이 없는 생활은 치매 등의 리스크를 높일 수 있고요.

따라서 지금까지 공부하지 않았던 새로운 분야를 배우거나, 스포츠 실력을 향상을 목표로 삼으면 어떨까요? 대학에서 석사나 박사 학위에 도전해보는 것도 좋은 방법입니다.

즉, 배움과 자기 계발에 대한 투자를 해야 합니다.

이러한 '평생학습 비용'은 여러 개의 직업으로 살아가는 이중·삼중 경력이 일상이 되는 장수 시대에는 당연한 일이 될 것입니다. 하물며 60세 이후에도 '포장마차'를 운영하며 비즈니스를 계획하고 있다면, 지식과 정보 업데이트는 필수입니다. 도서관 같은 공공 서비스를 이용하면 생각보다 비용 부담도 덜합니다. 중요한 것은 60세 이후에도 배우겠다는 의지와 열정입니다.

외주(위탁)를 적극적으로 활용하기

사람마다 다르겠지만, 60세가 넘으면 체력이 점점 떨어집니다. 그 전까지는 쉽게 했던 일들이 점점 힘들어지거나, 몇 배의 시간이 걸리게 됩니다. 그렇다면, 가사 대행 서비스 등 외주(위탁)를 적극적으로 활용합시다. 그렇게 해서 돈으로 시간과 건강을 사는 것입니다. 이는 가사 노동뿐만 아니라 비즈니스에도 적용됩니다.

예를 들어, 자신의 전문성을 살려 회원제 살롱이나 온라인 쇼핑몰을 운영할 때, 잘 다루지 못하는 IT 기술은 젊은 세대나 전문가에게 맡기도록 합시다. 즉, 자신의 희소성을 높이는 데 시간을 쓰고, 자신이 하지 않아도 돌아가는 일은 과감하게 외주로 맡기는 것입니다. 그러는 편이 정신 건강에도 좋으며, 결과도 더 좋은 방향으로 나올 것입니다.

리버스 모기지 활용하기

여기까지 시도했음에도 불구하고 여전히 수입과 지출의 균형을 맞추기 어려운 경우, 리버스 모기지라는 선택지가 있습니다. 리버스 모기지는 자택을 담보로 일정 금액을 정기적으로 받거나 일시불로 대출을 받은 후, 계약자가 사망하면 자택을 매각해 대출금을 상환하는 제도입니다. 이 제도를 이용하면 집에 계속 거주하면서도 대출금을 생활비로 활용할 수 있습니다. 사실상 수입을 늘릴 수 있는 셈이지요.

하지만 대출 금액이 낮거나, 계약 기간보다 더 오래 살게 되면 주택을 잃을 가능성이 있다는 점 등을 유의해야 합니다.

또한, 일부 주택 유형은 대상에서 제외될 수도 있습니다. 따라서 지금 미리 시뮬레이션을 해보는 편이 좋습니다.

'자리 잡기'는
인생 후반부에 큰 영향을 미친다

여러분은, 60세 이후의 재정에 대해 고려할 때, 단순히 생활을 유지하는 것만으로는 충분하지 않다는 사실을 이해하셨을 것입니다. 또한, '사람과의 인연'에 투자하기 위해서도 경제적으로 여유를 가지는 것이 매우 중요합니다.

그렇다면, 어떻게 해야 할까요?

바로, 60세 이후에도 계속 일할 수 있는 환경을 미리 만들어두는 것입니다. 이 사실을 염두에 두고 가급적 빠르게 '자리 잡기'를 시작해야 합니다. 아무런 계획 없이 막연하게 자율주행 모드로 살아가다 보면, 60세 혹은 65세에 갑자기 직장에서 방출될 수도 있습니다. 그러면 지금까지 직장에서 얻고 있던 수입을 더 이상 기대할 수 없게 되는 것이지요.

만약 그러한 상황이 발생한다면, 과연 어떤 방식으로 수입을 창출할 수 있을까요? 안타깝게도 명확한 기술을 가진 사람이 아닌 이상, 화이트칼라 직종에서 재취업할만한 곳을 찾기란 단연코 쉬운 일이 아닐 것입니다.

이를 확인하고 싶다면, 여러분의 직장 상사들이 정년퇴직 후 어떤 일을 하고 있는지를 살펴보면 됩니다. 그 즉시 여러분이 처한 상황이 이해가 가기 시작할 것입니다. 그들은 여러분의 미래 모습이기도 합니다. 그들의 현실을 외면하지 말고, 적극적으로 미래를 대비하는 노력을 해야 합니다.

만약 그들이 걷고 있는 길이 여러분이 원하는 삶이 아니라면, 그렇게 되지 않도록 최대한 빨리 대비를 시작해야 합니다. '자리 잡기'에 관한 확실한 전략을 세우고, 희소성이 있는 인재가 되는 것은 60세 이후에도 풍요로운 삶을 유지하기 위해서도 반드시 필요한 준비입니다.

'인제 와서 경제적으로 부유해지는 것은 힘들지 않을까?' 그러한 생각이 들지도 모릅니다. 그렇다면, 60세 이후에도 계속해서 수입을 창출할 수 있는 사람이 되는 것을 목표로 삼아봅시다.

어드바이저가 되어도 좋고, 강사가 되어도 좋습니다. 직접 '포장마차'와 같은 자본금이 크게 들지 않는 개인 사업을 운영하는 것도 방법입니다. 조직에 의존하지 않고 개인적으로 수익을 창출할 수 있는 스킬을 갖춘다면, 미래에 대한 불안은 크게 줄어들 것입니다. 한 달에 5만 엔(하루 2,000엔 정도)이라도 좋으니 돈을 벌 수 있는 능력을 갖춘다면, 앞서 언급한 수입과 지출의 균형에도 큰 영향을 미칠 것입니다.

이러한 준비는 60세 이후의 인생에 강렬한 의미를 갖게 될 것입니다.

시장 가치가 있는 스킬을 1만 시간 동안 갈고닦으며 '희소성 있는 인재'가 됩시다. 그리고 그 '희소성'을 무기로 삼아 풍요로운 인생을 살아가도록 합시다. '자리 잡기'는 현역 시절뿐만 아니라, 인생의 후반부에도 막대한 임팩트를 주게 될 테니까요.

'죽음'을 생각해봄으로써 인생을 개척할 수 있다

'죽음을 생각해볼 때, 삶은 더욱 빛난다.'

선인들은 이를 다양한 말로 후손들에게 전해왔습니다. '우리는 언젠가 죽을 존재'라는 것을 강하게 의식하면, '지금 이 순간'을 더욱 의미 있게 살아갈 수 있다는 것입니다.

하지만 이는 말처럼 쉬운 일이 아닙니다. 사실, 우리는 평화로운 시대에 태어났습니다. 태풍이나 지진 같은 자연재해, 사건이나 사고, 경기 호황과 불황의 물결은 있었지만 대체로 큰 어려움 없이 살아왔습니다. 지금까지 큰 병을 앓아본 적도 없고, 신체도 비교적 건강하다면, 자신도 모르게 이 생활이 내일도 계속되리라 생각하고 마는 것이지요. 3일 후에도, 3개월 후에도, 3년 후에도 계속해서 말이지요.

그렇다면, 어떻게 하면 '죽음'을 조금 더 의식하면서 '지금'을 소중히 살아갈 수 있을까요? 만약 그것이 가능하다면 우리의 인생은 더욱 빛날 수 있을 것입니다.

제가 20년 넘게 학교 현장에서 실천하고 있는 '세상 수업'에서는 1년에 한 번, '생명의 수업'을 진행합니다. 40~45분으로 이루어진 이 커리큘럼의 내용은 다음과 같습니다.

먼저, "여러분의 수명이 120년으로 늘어난다면 기쁠까요? 만약 80세 이후에도 40년 동안 건강이 유지된다면, 무엇을 하시겠습니까?"라는 질문을 던집니다. 다음으로, "만약 여러분이 말기 암에 걸렸다고 가정해봅시다. 의사로부터 '앞으로 3년밖에 남지 않았다'라는 선고를 받는다면, 그 3년을 어떻게 살아가시겠습니까?"라고 묻습니다. 즉, 극단적으로 길어진 인생과 반대로 급작스럽게 짧아진 인생을 롤플레이하며 생각을 이끌어내는 것입니다. 학생들은 처음에는 당황하지만, 점차 '가진 것들을 정리하기 시작한다', '첫사랑을 만나러 간다', '가족과 함께 세계 일주를 떠난다' 등 각자의 생각을 이야기하기 시작합니다.

더 나아가, 여러분들께서는 이러한 질문을 받는다면, 어떤 대답을 하실 수 있나요?

여러분만의 답을 생각해주세요.

'당신은 의사로부터 살날이 3개월밖에 남지 않았다고 선고받았습니다. 그렇다면 남은 시간을 어떻게 보내시겠습니까?'

'앞으로 3일밖에 살 수 없다면 무엇을 하시겠습니까?'

남은 시간이 3개월이라면, 100일 남짓 남은 셈입니다.

저라면 하루에 한 명씩, 저에게 도움을 준 100명의 사람들을 만나러 갈 것입니다. 그분들에게 감사의 말을 몇 번이고 반복하면서 하루 종일 대화를 나눌 것입니다. 또는 추억이 깃든 장소를 찾아가 그곳에서 있었던 일들을 되새길지도 모릅니다. 그리고 유품 정리를 시작할 것입니다. 유언장은 마지막 3일 동안에도 작성할 수 있겠지만, 유품 정리는 3개월 정도 걸릴 테니까요.

이렇듯 살날이 3년 남았을 때, 3개월 남았을 때 하고 싶은 것, 해야 할 것을 적어 내려가다 보면 뜻밖의 사실을 깨닫게 됩니다.

'적어 내려간 것들은 시한부 선고를 받지 않은 지금도 할 수 있는 일인데, 왜 하지 않고 있었을까?'

인간은 인생에서 정말 중요한 일을 '보류'한 채 살아갑니다.

아직 인생이 많이 남았으니 지금 하지 않아도 되겠지…, 적절한 타이밍을 보고서 하면 되겠지…, 조금 더 있다가 해야지…, 또 다음번에 하면 되지, 라고 말이지요. 하지만 갑작스럽게 큰 병에 걸리거나, 재해나 사고로 죽음의 문턱에 서게 되면 비로소 깨닫게 됩니다. '지금'이 얼마나 소중한 순간인지를요.

그래서 때로는 '충격 요법'이 필요합니다. 저는 '생명의 수업'을 진행할 때 항상 게스트를 초청했습니다. 와다 중학교에서는 《31세, 암 표류(포플러 문고)》의 저자인 오쿠야마 다카히로(奧山 貴宏) 씨를 모셨습니다. 그는 폐암으로 '앞으로 3년'이라는 시한부 선고를 받았고, 3년 연속으로 저희 수업의 게스트로 참여하신 후 세상을 떠났습니다.

"인생은 유한하다는 사실을 깨닫고 나서야, 요시노야의 규동(소고기덮밥)이 정말 맛있다고 느낄 수 있게 됐어요."
오쿠야마 씨의 이 말에서 학생들은 무엇을 느꼈을까요?

60세가 넘으면 결혼식보다 장례식에 참석하는 횟수가 많아집니다. 장례 방식은 제각각 다르고, 때로는 번거로운 의식이나 시간이 오래 걸리는 경우도 있습니다. 하지만 그런 과정 자체가 자신의 인생 또한 유한하다는 사실을 깨닫는 소중한 기회일지 모릅니다. 그리고 저는 저 자신이 누군가에게 '그리운 사람'이 되었으면 좋겠다고 다시금 생각합니다.

이 책이 여러분의 '자리 잡기'에 도움이 되기를 바랍니다.

어떻게 살아갈까?
포지셔닝으로
인생을 바꾸는 전략

제1판 1쇄 2025년 8월 13일

지은이 후지하라 가즈히로(藤原 和博)
옮긴이 이성희
감 수 서승범
펴낸이 한성주
펴낸곳 ㈜두드림미디어
책임편집 최윤경
디자인 김진나(nah1052@naver.com)

㈜두드림미디어
등 록 2015년 3월 25일(제2022-000009호)
주 소 서울시 강서구 공항대로 219, 620호, 621호
전 화 02)333-3577
팩 스 02)6455-3477
이메일 dodreamedia@naver.com(원고 투고 및 출판 관련 문의)
카 페 https://cafe.naver.com/dodreamedia

ISBN 979-11-94223-86-3 (03190)

책값은 뒤표지에 있습니다.
파본은 구입하신 서점에서 교환해드립니다.